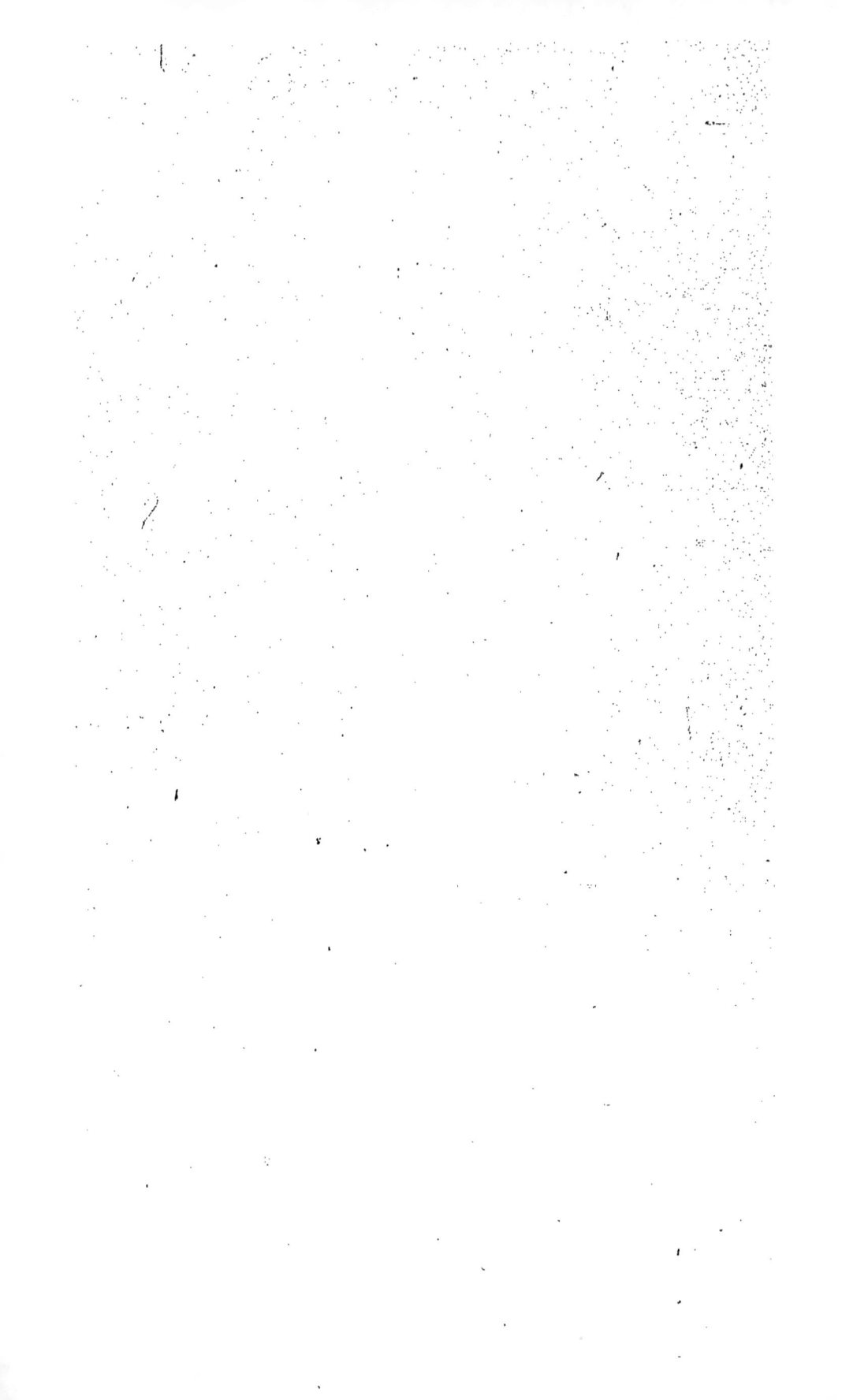

V

T. 2625.
F. K. A.

©

GYMNASTIQUE

DES

JEUNES GENS.

A. PIHAN DELAFOREST,

IMP. DE MONSIEUR LE DAUPHIN ET DE LA COUR DE CASSATION,

rue des Noyers, nº 37.

GYMNASTIQUE

DES

JEUNES GENS

OU

Traité Élémentaire

DES

DIFFÉRENS EXERCICES

PROPRES A FORTIFIER LE CORPS, A ENTRETENIR LA SANTÉ,
ET A PRÉPARER UN BON TEMPÉRAMENT.

Ornée de 33 Planches gravées.

Deuxième Edition.

PARIS,

AUDOT, ÉDITEUR,

RUE DES MAÇONS-SORBONNE, N° 11.

1829.

AVANT-PROPOS.

Graces à l'active persévérance de
M. le colonel Amoros, à ses ingé-
nieuses inventions, à ses heureuses applications; graces aux écrits des sages
qui ont traité de l'éducation, soit dans
des ouvrages considérables, soit dans
des écrits périodiques et quotidiens, la
cause de la gymnastique est à peu près
gagnée en France, à Paris du moins.
La classe riche, qui donne assez souvent l'impulsion aux autres classes,
paraît être revenue de l'injuste préven-
tion qu'elle avait d'abord conçue contre
l'éducation physique, et le gymnase
réunit dans ses solennités ce que la ca-
pitale renferme de personnes distin-

guées. Les résultats hygièniques de l'é-
ducation mâle que M. Amoros s'efforce
de populariser parmi nous sont attestés
par les médecins qui ont été à même d'apprécier son influence sur la constitution
des individus, et sur ceux même que des
vices de conformation, ou une organisation débile condamnait à traîner une vie
triste et traversée par les maladies et
les incommodités. Le philantrope Pes-
tallozzi, qu'il suffit de nommer, lorsque l'on traite d'éducation, pour appor-
ter un poids immense dans la balance
de la discussion, regardait la gymnastique, non-seulement comme un moyen
assuré de développer les forces physiques de l'homme, de lui donner de l'a-
dresse, de la grace, de le garantir de la
majeure partie des dangers dont sa
frêle existence est environnée ; mais en-

core comme une des voies qui peuvent conduire à la perfection morale, au développement plus parfait de l'intelligence, à la pratique de la vertu. L'Angleterre et une grande partie de l'Allemagne nous ont devancé dans l'adoption de la gymnastique, et commencent à en ressentir les heureux effets ; tâchons de les rattraper dans la carrière, afin que notre belle France ne soit en arrière dans aucune des branches de la civilisation. Les anciens ont dit : « C'est dans un corps sain qu'il faut chercher un esprit sain. » Ils disaient vrai. Otez a l'homme la générosité, le courage, la noble fierté, le sentiment de sa force, vous le dépouillerez d'une partie de ses vertus les plus essentielles en ce qu'elles influent plus qu'on ne pense sur la pratique des autres vertus. Comment

cet homme pourra-t-il contracter l'habitude de la bienfaisance , s'il est condamné par son incapacité à ne pouvoir
l'exercer que rarement. Le service qu'on
rend à son pareil en lui donnant de
l'argent est moins doux que celui qu'on
lui rend en le retirant du danger , il
élève moins l'ame de celui qui le rend ,
il n'est pas aussi précieux pour celui qui
le reçoit. Celui qui s'élance sur un toit
embrasé pour arracher aux flammes des
malheureux condamnés à y trouver une
mort affreuse ; celui qui plonge au sein
des flots pour en sauver son semblable
qui s'y perd ; celui qui retire l'enfant
imprévoyant de dessous la roue qui va
lui briser le corps , celui-là contracte
aisément l'habitude de la bienfaisance ,
et l'honneur qu'il acquiert , l'éloge qu'il
reçoit , la satisfaction de soi-même qu'il

éprouve, portent en lui cette vertu jusqu'à l'enthousiasme. N'aura-t-il pas au
contraire une tendance à devenir
indifférent ; celui qui , faute d'avoir
appris à nager, sera condamné à voir
du rivage son semblable , son ami peut-
être , son fils même périr victime d'une
imprudence ; il entendra ses cris , sera
témoin de son agonie, et verra l'onde
l'engloutir et se refermer sur lui. Inca-
pable de marcher sur une poutre isolée
et suspendue, ou de monter après un
cable flexible , son épouse, la mère de
ses enfans chéris , lui tendra vainement
les bras au milieu de sa maison en flammes , il ne pourra que mourir avec elle,
ou il faudra qu'il reste inactif, confondu
parmi les spectateurs, faible et sans courage , car le courage n'est que la conviction intime de la force ; il se conten-

tera de pousser des cris impuissans
lorsque la dent d'une bête cruelle ou la
corne d'un taureau furieux menaceront
les jours du fils sur lequel il a fondé
l'espoir de sa vieillesse. Quels nobles
sentimens feront jamais battre le cœur
de l'être faible et ravalé qui ne peut se
défendre d'une injuste agression, et qui
est condamné à dévorer silencieusement
une outrage, qui ne pourra jamais pro-
téger la faiblesse, qui aura lui-même
toujours besoin qu'on le protège, qui
ne pourra s'interposer entre le fort qui
opprime et celui qui souffre de son in-
justice. Dans toutes les circonstances de
la vie, au lieu de paraître au premier
rang lorsqu'il y a quelque danger à courir, le sentiment de sa faiblesse et
de son incapacité le tiendront confiné
dans les rangs les plus obscurs. Pourra-

t-il se flatter qu'un peu d'or qu'il donne tranquillement assis dans son fauteuil aura payé sa dette envers l'humanité ? Et Byron serait-il plus qu'un homme à nos yeux, s'il se fût contenté d'envoyer toute sa fortune aux Grecs infortunés ? On ne devient réellement bon qu'en pratiquant la bonté. Et comment la pratiquera-t-on si l'on est sans cesse dans l'impuissance de bien faire ?

Cultivons donc dès l'enfance un art qui doit avoir tant d'influence sur le restant de notre vie, qui doit nous rendre forts, agiles, adroits, sains, gais, contens de nous-mêmes, propres à tout entreprendre, à tout exécuter, à nous distinguer du vulgaire, qui doit nous donner le pouvoir, trop souvent restreint, de faire du bien à nos semblables, et nous replacer dans l'échelle des être animés au rang que la nature nous avait assigné. Que les pères de famille, que les chefs d'institution suivent nos conseils, la patrie reconnaissante les remerciera un jour de leur avoir fourni de bons citoyens et d'invincibles défenseurs.

GYMNASTIQUE

DES

JEUNES GENS.

PREMIÈRE PARTIE.

CONSIDÉRATIONS GÉNÉRALES.

Chez les anciens, la gymnastique était l'art de la course, du saut, de la lutte, du javelot et du disque. Elle avait pour objet de donner au corps une très grande force, et cela se conçoit, parce que, dans l'origine des sociétés, la force physique, qui avait d'abord été la sauvegarde des

1

familles, et ensuite la seule défense des nations, devait être la partie importante de l'éducation. Il dut y avoir des gymnases avant les académies; quelque spirituels ou savans que fussent les hommes petits et délicats, ils étaient rejetés, tandis que l'on voit dans Homère que le plus grand nombre de ceux qui conduisaient les phalanges ont la force en partage, frappent des coups terribles avec des armes d'un énorme poids, et sont eux-mêmes d'une taille colossale. Les Grecs et les Romains avaient recherché et mis en pratique tous les moyens de favoriser le développement de la force et de l'adresse des jeunes gens, afin d'en faire des hommes robustes et actifs, des soldats redoutables à leurs ennemis. Les gymnases étaient des établissemens nationaux pour lesquels l'Etat ne ménageait rien. Des règlemens servaient à diriger les jeux et les combats; des officiers honorés y présidaient, et des récompenses étaient le prix des succès.

Dans les temps modernes, la gymnastique perdit la plus grande partie de son utilité. La poudre à canon ayant changé la nature des combats, la force ne fut plus aussi nécessaire ; l'adresse et l'agilité le devinrent davantage ; des exercices bien moins violens que ceux du gymnase y furent substitués, et bientôt il ne resta plus aucun vestige des anciennes institutions.

Ce fut un grand mal sans doute. Certes, les marches et les contre-marches, ainsi que l'exercice en douze temps, peuvent, jusqu'à un certain point, entretenir la santé du soldat et la vigueur qu'il a acquise ; mais le plus souvent il a dépassé l'âge où la force s'augmente, où la souplesse peut s'acquérir, et d'ailleurs ces exercices ne sont ni convenables, ni assez actifs pour accroître notablement les forces physiques.

Mais, tout en regrettant que la gymnastique ne soit plus protégée par les gouvernemens modernes, on doit avouer qu'elle ne pourrait plus avoir le même objet que dans l'antiquité. Dans nos mœurs nouvelles, nous n'avons plus besoin d'athlètes; une grande puissance musculaire est une espèce de supériorité qui n'est plus en faveur, et le but de la gymnastique ne peut plus être que de donner au corps toute la force, la vigueur et la souplesse compatibles avec la santé, sans nuire au développement des facultés intellectuelles. Telle est l'espèce de gymnastique dont nous allons tracer les règles; mais, pour en mieux faire apprécier les avantages, nous indiquerons succinctement les effets des exercices en général.

DE L'INFLUENCE DE L'EXERCICE SUR LA SANTÉ ET LA FORCE.

Les mouvemens du corps sont de deux sortes : les uns se passent à notre insu, dans l'intérieur de nos organes, et s'exercent indépendamment de notre volonté, pour la conservation et l'entretien de la vie : tels sont les mouvemens du cœur, de l'estomac, des intestins ; les autres sont des mouvemens que nous faisons en mettant en action les muscles soumis à l'empire de notre volonté ; ce sont ces derniers mouvemens qui constituent l'*exercice.*

Pour se faire une idée de l'influence que l'exercice peut avoir sur l'organisation, il suffira de faire remarquer que l'ensemble des muscles soumis à la volonté forme, avec les os, qui sont les organes passifs des mouvemens, une masse

bien plus pesante et plus volumineuse
que la réunion de tous les autres organes.
En effet, les muscles ne sont autre chose
que cette masse énorme de chair qui se
trouve entre la peau et les os, qui re-
couvre le cou, le dos, les côtes, les lom-
bes, le bassin, et donne la forme aux
membres. Cette chair reçoit dans toutes
ses parties des nerfs qui communiquent
avec le cerveau, et, lorsque le cerveau
commande un mouvement, la portion de
fibres qui doit l'opérer se contracte, c'est-
à-dire se gonfle, se raccourcit, et le déplacement des membres, ou de tout le
corps, a lieu. Tels sont le mécanisme général et l'explication de tous nos mouvemens. Or, on conçoit combien doit être
grande l'influence de l'action souvent re-
nouvelée d'organes si considérables sur le
reste de l'économie. Voyons de quelle nature est cette influence.

Si le corps est dans un repos complet, les

fonctions intérieures s'exercent, mais les organes qui les exécutent ne recevant aucune impulsion, aucune excitation étrangère à leur propre force, l'action en est lente, faible, mal exécutée. Les muscles perdent leur souplesse, leur énergie; toute l'organisation se détériore, et si le repos se prolonge, l'homme le plus robuste peut devenir un être faible, cacochyme, malade.

Sous l'empire des exercices au contraire, les fonctions intérieures prennent de l'activité. Nous avons dit que par l'entremise des nerfs le cerveau, en agissant sur les muscles, les faisait contracter pour produire les mouvemens; il faut ajouter que les muscles reçoivent une excitation non moins puissante du cœur, puisque si on intercepte le sang que ce viscère leur envoie sans cesse, ils ne peuvent bientôt plus se contracter, et leur action finit par s'éteindre. L'afflu nerveux et l'afflu sanguin sont donc bien évidemment les deux causes principales qui déterminent les contractions musculaires, les mouvemens volontaires, et finalement les exercices. Mais comme tout est lié et se tient dans l'économie vivante, les muscles ne peuvent entrer en action et se mouvoir, sans réagir sur le cerveau par le moyen des nerfs, et sur le cœur par l'intermède des vaisseaux. Le cerveau et le cœur plus excités renvoient aux muscles eux-mêmes et à tous les organes une plus forte stimulation. C'est de cette manière que les contractions des muscles produisent une excitation générale, en faisant partager leur activité à tous les organes. Il n'est personne qui n'ait éprouvé, après un exercice un peu actif, les effets dont nous expliquons ici la cause, tels que les battemens du cœur, la fréquence du pouls, la chaleur, la rougeur de la peau, la sueur, etc.; mais les exercices produisent encore un autre effet qu'il n'est pas moins

important de noter : nous voulons parler
de la secousse que reçoit le corps dans
tous les mouvemens. Cette secousse, re-
çue plus fortement par une ou plusieurs
parties, se communique et retentit dans
toutes les autres; tous les organes en sont
remués jusque dans la plus intime profondeur de leur tissu; cet ébranlement
mécanique, qui agite et fait contracter,
resserrer les fibres, les rend plus fortes,
plus robustes. D'où il suit qu'en défini-
tive les mouvemens ont pour effet de faire
exercer toutes les fonctions de la vie avec
plus d'activité et d'énergie , et de donner
plus de vigueur au tissu des organes et aux
organes eux-mêmes. Quelques détails ,
au surplus, et quelques applications ren-
dront ceci plus sensible.

Veut-on, par exemple, appliquer ces
principes à la digestion, on verra les organes chargés d'exécuter cette fonction
augmenter de puissance et de force par

l'exercice. Si l'estomac est vide, l'exercice excite l'appétit ou l'augmente, assure une digestion plus prompte, plus facile et plus parfaite. Si l'estomac est plein, l'impulsion que l'exercice lui communique développe son activité et facilite la digestion.

Il semblerait, d'après cela, que l'exercice est également utile avant ou après le repas. Cette question a cependant été l'objet de nombreuses controverses que l'on aurait évitées si l'on n'avait pas voulu y répondre d'une manière exclusive. En effet, il est généralement connu qu'après avoir mangé, un exercice modéré, comme la promenade, le jeu de billard, de volant ou autres semblables, est le meilleur de tous les digestifs, tandis qu'un exercice violent et trop long-temps continué produit un trouble et un désordre dans les mouvemens de l'estomac, qui peuvent pervertir la digestion.

Nous avons expliqué comment l'exercice accélère les battemens du cœur et le mouvement de la circulation. Il en est de même de la respiration, qui devient plus fréquente en proportion de la force et de l'activité des mouvemens.

Les sensations mêmes reçoivent des mouvemens une excitation qui ranime les facultés intellectuelles. On sait qu'après un long repos, l'esprit est comme engourdi, et que toutes les idées deviennent plus faciles par l'effet d'un exercice qui ne va pas jusqu'à la fatigue. C'est ce que l'on remarque surtout après le sommeil.

Mais c'est surtout sur la nutrition ou la composition matérielle du corps qu'il est intéressant de suivre les effets de l'exercice. Il est d'observation journalière que les artisans ont les membres qu'ils exercent toujours plus gros que les autres; c'est ce qu'on remarque pour les bras

des boulangers et les jambes des danseurs et des coureurs. Ce plus gros volume
n'est pas dû à de l'embonpoint, au contraire, l'exercice maigrit le corps plutôt
que de l'engraisser. C'est pour cela que
les laboureurs, les chasseurs, les soldats,
les forgerons, ne sont points gras; mais
leurs chairs sont fermes et robustes, parce
que l'habitude de l'exercice a donné de
la vigueur et de la consistance aux fibres de leurs organes. Ce n'est pas parmi eux que l'on rencontre de ces hommes pituiteux, pâles, à chairs molles
et qui promènent péniblement leur in-
dolence et leur faiblesse. Cet effet est encore plus sensible chez les animaux. Voyez
ceux de nos basses-cours, qui sont cla-
quemurés dans un espace où ils peuvent
à peine se remuer; leur chair est blanche, grasse, délicate, tendre; aussi n'au-
raient-ils pas la force de fuir la main
qui les a nourris. Le gibier, au contraire,

présente une chair plus colorée, moins grasse, mais ferme, serrée, dure et même quelquefois coriace, qui indique la force et la vigueur, et explique pourquoi le chasseur a si péniblement atteint une semblable proie.

Toutefois nous devons nous hâter de dire que tous ces bons effets ne peuvent être produits que par des exercices modérés, car des mouvemens violens et continus porteraient bientôt le trouble et le désordre là où nous avions promis la force et l'activité. Sous l'influence des exercices violens, les battemens du cœur sont désordonnés, la respiration haletante, la chaleur excessive, la sueur ruisselle d'une peau rouge et comme enflammée; la digestion ne peut plus s'opérer que d'une manière vicieuse, le corps fait des pertes qui ne sont pas réparées, l'amaigrissement a lieu sans que le tissu des organes prenne plus de force et de consistance; enfin un état maladif doit être le produit de tels excès.

L'exercice, pour être bon et utile, doit être plutôt répété que violent. Autant les mouvemens modérés et les secousses légères produisent d'excitation salutaire, autant les forts ébranlemens peuvent produire de désordre, si l'on n'en a pas calculé les effets. On ne pourrait par conséquent conseiller l'exercice dans tous les cas et sans distinguer l'espèce qu'il convient d'employer : il devient donc nécessaire de jeter un coup-d'œil sur les différens exercices avant d'indiquer les règles que l'on doit suivre dans leur application.

___

DES DIFFÉRENS EXERCICES.

Tout ce que nous avons dit jusqu'ici s'appliquait plus spécialement aux exercices *actifs* ou *spontanés* que le corps et les membres exécutent, comme nous l'avons expliqué, par les contractions musculaires. Il est une autre espèce d'exercices que l'on nomme *passifs* ou *communiqués*, dans lesquels le corps est agité ou déplacé par une cause étrangère à l'action musculaire, ou sans que les muscles y concourent autrement que par une contraction suffisante seulement pour conserver une position fixe.

Dans ces derniers mouvemens, il n'y a pas, comme dans les autres, des efforts, l'emploi de la force, et une grande excitation de tous les organes. Ici le corps, remué ou déplacé par une base mobile, reçoit sans cesse des secousses plus ou moins fortes. Cet ébranlement se communique à tous les organes; ils en éprouvent dans toute leur substance une multitude de chocs qui tiraillent leurs fibres, les resserrent, et ont pour résultat final d'en augmenter la densité, de les rendre plus forts et plus robustes.

Ces sortes d'exercices, comme les exercices actifs, augmentent les forces et la vigueur, mais c'est sans excitation ; ils ne font pas battre le cœur ; ils n'échauffent pas, et n'excitent pas ordinairement la sueur. Il en est cependant qui agitent plus fortement : tels sont l'équitation, la charrette, l'escarpolette, la balançoire.

Nous ne nous arrêterons pas à l'*équitation*, qui doit être l'objet d'un ouvrage spécial ; nous ferons seulement remarquer que le choc des pieds du cheval sur le sol produit dans leur corps une répercussion de mouvement qui ébranle le cavalier ; qu'il en éprouve bientôt une succession de secousses dont l'influence ne peut qu'être très puissante, surtout si l'animal est au petit trop, s'il presse sa marche, et encore plus s'il va au grand galop. Les effets sont au contraire très

faibles si le cheval marche lentement et
au pas; mais l'amble balance le corps par
des mouvemens d'un côté à l'autre qui
l'agitent et causent des secousses vives et
répétées.

La *charrette* et le *chariot* produisent
des secousses plus fortes, parce que le
plancher sur lequel on est posé pendant
qu'ils roulent étant obligé de supporter
tous les ébranlemens et les chocs que les
roues reçoivent des inégalités du sol, les
communiquent aux personnes qui sont
placées dessus. Si le chemin est très raboteux et la vitesse très grande, il peut en
résulter des ébranlemens tellement forts
et réitérés, que cette exercice devient in-
supportable, et peut amener des accidens
chez les personnes faibles; s'il est moins
vif, et qu'il puisse être enduré, on conçoit que son influence doit pénétrer bien
plus avant dans la profondeur des organes
et produire des effets plus avantageux.

La *balançoire* fournit aussi une suite de commotions assez fortes. Elle consiste dans le balancement d'une pièce de bois dont le centre porte sur un axe solide. Une personne est à cheval sur chaque extrémité, et quand l'une s'élève, l'autre s'abaisse. Cet exercice ne peut pas être purement passif, chacun y prend une part active, soit pour se soutenir, soit pour se lancer en relevant l'extrémité du levier quand il vient frapper le sol.

L'*escarpolette* est dans le même cas. On attache une corde par les deux bouts à un point fixe et élevé, et l'on s'y suspend en s'asseyant au milieu. Si l'on se laisse balancer par une force étrangère, l'exercice est purement passif; mais si l'on aide au mouvement, et encore plus si on le produit seul, ce ne peut être qu'au moyen d'efforts assez vigoureux qui peuvent avoir tous les effets de l'exercice spontané. Dans tous les cas, les secousses et les commotions sont moins fortes dans le jeu de l'escarpolette que dans celui de la balançoire.

Les *lits suspendus* présentent un exercice analogue à l'escarpolette ; il n'en diffère que parce qu'on y est étendu au lieu de s'y tenir assis, et que l'on y est soumis à un balancement bien moins grand. Cet exercice ressemble beaucoup au bercement des enfans; il est plus propre à calmer les douleurs et à endormir qu'à produire les effets fortifians des autres mouvemens.

Les *lits à pieds inégaux* procurent des mouvemens qui se rapprochent davantage de ceux de la balançoire. Chaque fois qu'un des deux pieds plus courts vient frapper le plancher, il en résulte un choc qui est ressenti, et qui ajoute son effet à celui du balancement.

On trouve dans l'ancienne Encyclopédie, à l'article *Equitation*, la description d'une machine appelée *siège* ou *ta-bouret d'Equitation*, dont les effets res-semblent à ceux des précédens exercices, et qui peut être plus commode aux per-sonnes âgées et faibles, en ce qu'elle ne fatigue pas, et ne fait courir aucun ris-que. Cette machine consiste en un siège représentant le corps du cheval, solide-ment fixé au milieu d'un équipage de le-viers suspendus au plancher d'une cham-bre. Cet appareil tient lieu des jambes de l'animal, et sert à mouvoir le corps. Deux perches, traversées au milieu par un axe de rotation, sont attachées aux poutres de la chambre, et de leurs extrémités descendent des courroies qui soutiennent un marchepied sur lequel on assujétit le tabouret, ou petit fauteuil, élevé suf-fisamment et rendu mobile sur quatre pieds. Assis sur le siège, on s'exerce en tirant ou en faisant tirer un ou deux cor-dons qui font jouer ensemble ou sépa-

rément deux petits leviers ajustés entre
les perches. La machine mise ainsi en
action, on peut se donner fort à l'aise
tous les mouvemens qu'un cheval fait
éprouver quand il va au pas, au trot, au
galop; on peut même imiter l'amble, les
sauts en avant, les cabrioles, les voltes et
toutes les allures du manège.

Il est encore d'autres exercices passifs
auxquels nous ne nous arrêterons pas,
parce qu'ils s'éloignent trop de la gymnastique par leurs effets. Nous voulons
parler des voitures suspendues, de la li-
tière, de la chaise à porteurs et des ba-
teaux. Ce ne sont pas proprement des
exercices, puisque le corps est transporté
sans *efforts*, sans *secousses*; mais comme
ils produisent toujours un certain balancement qui n'est pas sans influence chez
les personnes très faibles, et que l'on est
souvent obligé de préluder par-là à des
exercices plus forts, nous avons dû les

mentionner. Nous allons maintenant indiquer les exercices qui constituent proprement la gymnastique, en exceptant
toutefois ceux que nous regardons comme
élémentaires, et dont la description doit
former l'objet spécial de ce petit Traité.

DES EXERCICES ACTIFS OU SPONTANÉS.

Avant d'entrer dans le détail de ces
exercices, il convient de nous arrêter un
instant sur ce que l'on nomme la *station*,
parce que cet état, dans lequel le corps
paraît en repos, consiste dans un effort
persévérant de certains muscles, et que
l'explication que nous en donnerons faci-
litera beaucoup celle de la *marche*, de la
course, etc.

La station dont nous entendons parler
est l'action par laquelle l'homme se tient
debout. Tout le monde a remarqué que,

dans le sommeil et dans l'évanouissement, la tête tombe en devant, et s'appuie sur la poitrine. Dans ces états, elle obéit aux lois de la pesanteur; étant appuyée sur les vertèbres qui la soutiennent à un point de sa base plus reculé en arrière que le milieu, elle ne peut se tenir droite dans la station que par l'effort des muscles postérieurs du cou; c'est l'interruption de cet effort qui produit sa chute en avant. Le tronc ne peut pas non plus se tenir droit sans fatigue. La colonne vertébrale étant placée en arrière, tous les viscères de la poitrine et du ventre sont, en quelque sorte, pendus au-devant d'elle, et la forceraient à se courber en devant si des portions musculaires extrêmement fortes ne la retenaient en arrière. On voit la preuve de cet effort chez les hydropiques et les femmes enceintes, dont le ventre étant plus lourd que dans l'état ordinaire, sont forcés de tenir la colonne

vertébrale plus fixe , et même de la rejeter en arrière. Nous pourrions faire la
même réflexion à l'égard du bassin qui ,
par sa conformation , se fléchirait sur
les cuisses , s'il n'était fixé en arrière par
l'énorme masse de fibres musculaires qui
forment les fesses. Au-devant de la cuisse
se trouvent des muscles dont les efforts ,
en tirant fortement l'os du genou , la
rotule , empêchent la jambe de se fléchir ;
enfin , les mollets , en se contractant , ne
permettent pas à la jambe de se plier sur
le pied. Tel est le mécanisme général de la
station. C'est donc , comme nous l'avons
dit , un concours d'efforts ; presque tous
les muscles extenseurs du corps sont en
contraction tout le temps que dure cet
état, et il en résulte une fatigue qui ne peut
être long-temps supportée. Aussi voit-on
un homme debout porter le poids de son
corps tantôt sur une jambe, tantôt sur l'autre, afin de procurer un repos momentané

à certains muscles ; voilà aussi pourquoi
la station fatigue bien plus que la marche
dans laquelle il y a une succession de contractions et de repos des mêmes muscles.

Une question qui rentre dans notre
sujet est de savoir quelle position des pieds
donne une plus grande solidité à la station. Nous n'entrerons pas dans le détail
des nombreuses controverses par lesquelles on a défendu ou combattu la position
des pieds la pointe en dedans ou en dehors : nous nous bornerons à établir que,
plus la base de sustentation est large et
assurée, plus la station est solide. L'homme
debout est par conséquent plus ferme dans
cette position, quand ses pieds sont médiocrement écartés l'un de l'autre, et placés
parallèlement. Si les pieds sont trop écartés, on éprouve une gêne qui résulte de
l'extension des muscles de l'intérieur des
cuisses ; s'ils sont rapprochés, le corps
qui se balance d'un côté à l'autre conserve

3

plus difficilement l'équilibre ; la pointe des
pieds ne peut être tournée en dedans sans
une sorte de torsion dans l'articulation
de la cuisse, qui ôte toute la force à la
station ; enfin, les pointes étant tournées
en dehors donnent, il est vrai, à la base
de sustentation une plus grande étendue
latérale, mais elle n'a plus d'étendue
en devant ; et comme c'est surtout de ce
côté qu'il importe que le corps soit soutenu, puisque tout le poids des viscères
l'entraîne dans ce sens, nous sommes ramenés à notre principe, que les pieds placés parallèlement et médiocrement écartés, fournissent la station la plus solide.
Il ne faudra donc pas perdre cette règle
de vue quand il sera nécessaire, pour
exécuter les différens exercices dont nous
avons à parler, de tenir le corps debout
dans une position fixe et assurée.

DE LA MARCHE.

En supposant un homme dans cette position, pour marcher, il doit d'abord porter sur une seule jambe le poids du corps qui pesait également sur les deux ; l'autre jambe s'élève alors, le pied se détache du sol en commençant du talon à la pointe. Pour cela, il a fallu que la jambe se fléchisse sur la cuisse, et la cuisse sur le bassin ; le pied est ainsi entraîné en avant. Aussitôt que, dans ce mouvement, il a dépassé l'autre pied, il faut qu'il s'étende sur la jambe, que la jambe s'étende sur la cuisse, et c'est de cette manière que, par l'alongement de tout le membre, il vient se poser sur le sol à une distance d'autant plus considérable, en devant de l'autre pied, que le pas est plus grand. Mais, pour que le transport de ce pied soit possible, il a fallu que la hanche, qui portait sur la cuisse restée fixe, tourne en avant et en dehors. Aussitôt que le pied qui vient d'être posé sur le sol y est fixé, le poids du corps se transporte sur le membre de ce côté, et l'autre pied, par un mécanisme en tout semblable, est amené à son tour en devant.

On voit que la marche n'est pas un exercice des membres inférieurs seulement. Le bassin se porte d'un côté à l'autre, ainsi que le tronc, pour déverser le poids du corps sur le membre qui reste fixé au sol. Les bras mêmes se balancent en alternant leurs mouvemens avec ceux des jambes. Mais tous ces mouvemens sont successifs, et peuvent être, comme on sait, répétés pendant long-temps sans fatigue, parce que les muscles qui les exécutent sont tantôt en repos et tantôt en contraction.

Nous nous bornerons, pour le moment, à cette explication du mécanisme de la marche ordinaire. Dans la deuxième partie, nous aurons occasion de parler des diverses espèces de marche.

DE LA COURSE.

Dans la course, les pas ne sont pas plus grands que dans la marche, seulement ils se succèdent avec plus de rapidité. Le mécanisme est le même; mais le pied laissé en arrière quitte le sol avant que celui porté en avant soit bien appuyé, en sorte que le centre de gravité reste incertain en se transportant de l'une à l'autre jambe, ce qui forme une suite de sauts et rend les chutes bien plus faciles. Dans cet exercice, les mouvemens doivent être forts, répétés, et les contractions musculaires trouvant leur principe d'excitation dans la respiration, il était nécessaire que la poitrine fût fixée solidement pour servir de point d'appui aux efforts des membres inférieurs. Aussi voit-on, pendant la course, que la respiration est fréquente, et les meilleurs coureurs sont ceux qui ont une plus *forte haleine,* ou peuvent tenir leur poitrine dilatée pendant plus long-temps. On conçoit, d'après cela, que l'on peut appliquer à la course ce que nous avons dit précédemment des exercices violens. Elle produit, si on la peut soutenir quelque temps, une grande agitation, une véritable excitation fébrile. Tels sont le mécanisme et les effets de cet exercice. Nous indiquerons plus tard les règles qu'il convient de suivre en s'y livrant.

DU SAUT.

Cette action consiste à détacher subitement les pieds du sol pour élever le corps verticalement, ou le faire franchir un espace plus ou moins étendu en avant ou en arrière. Pour effectuer le saut, il faut que toutes les articulations des membres inférieurs soient fléchies, que la poitrine soit fixée sur le bassin, la colonne vertébrale, et par conséquent tout le tronc courbé en avant, une forte contraction des muscles maintient cette flexion jusqu'au moment où le saut a lieu; alors, par la contraction subite des extenseurs, tout le corps s'étend comme un arc dont la corde se romprait; mais dans ce mouvement, tous les efforts s'étant réunis, même dans les bras qui servent de balanciers, pour repousser le sol sur lequel les pieds appuient, le corps est ainsi élancé et suspendu plus ou moins longtemps en l'air. On a dit que le sol aidait au saut par une action répulsive; cela n'est évident que sur un plan élastique, comme une planche ou une corde tendue;

mais il suffit que les pieds s'appuient sur un sol qui ne cède pas, pour que le saut s'effectue, et dans ce cas il est difficile d'apprécier la part que peut avoir l'élasticité dans le résultat produit. Au surplus, ce résultat; c'est-à-dire la plus grande étendue du saut en hauteur ou horizontalement, est subordonné à la force employée, et surtout à l'habitude acquise. Nous réservons pour la seconde partie les préceptes relatifs à l'art de sauter, et la description des diverses espèces de sauts.

DE LA DANSE.

Cet exercice, qui se compose à la fois de la marche, de la course et du saut, n'entre point ordinairement dans la gymnastique, parce qu'elle est enseignée par des maîtres particuliers, et dans un autre but que les exercices du gymnase. Toute-

fois, nous devons signaler la danse comme
propre, indépendamment du plaisir qu'elle
procure, à donner au corps plus de force,
de souplesse, d'agilité, un maintien plus
aisé, plus agréable; à faire mouvoir avec
plus de grace et de liberté. Lorsqu'on s'y
livre habituellement, les épaules et les
bras se portent plus en arrière, les jambes
et les cuisses deviennent plus fortes et
plus souples; les fesses, les cuisses et les
mollets deviennent plus épais et se dessi-
nent davantage, les pieds se tournent
plus en dehors; enfin, la marche en prend
un caractère particulier qui fait recon-
naître les danseurs de profession.

DE LA CHASSE.

Nous ne ferons également que mentionner la chasse, qui nécessite la station, la
marche, la course et le saut. Souvent elle

devient un exercice violent , mais qui fatigue moins que ces derniers, par le plaisir qu'il procure au milieu des champs, des bois, des sites les plus agréables , et surtout à cause de l'attention soutenue qu'il nécessite pour atteindre ou surprendre la proie.

DE L'ESCRIME.

Cet exercice met en jeu à peu près tous les muscles ; c'est un des plus violens auxquels on se livre dans nos sociétés modernes, et qui a , comme la danse , l'avantage de donner au corps un maintien noble et gracieux. Un nouveau soldat, dit un médecin célèbre , manque presque toujours de tournure : on l'envoie à la salle d'armes; il y prend du goût, et bientôt on s'aperçoit qu'il est plus ferme sur ses jambes, que sa démarche est plus élégante et

plus martiale, et que son attitude , quelquefois si grotesque auparavant, est deve-
nue mâle, ferme et décidée.

DES JEUX QUI METTENT TOUT LE CORPS EN MOUVEMENT.

Nous ne traiterons pas en particulier de
tous ces jeux qui se composent également
de la marche, de la course et des sauts, que
nous regardons comme les élémens de
tous les exercices gymnastiques. Il en est
qui agitent plus fortement, comme les
jeux de *balle*, de *paume*, de *ballon* et
même de *volant*; il en est de plus tran-
quilles, tels que ceux de *palët*, de *boule*,
de *quilles* et surtout de *billard*; enfin,
plusieurs pour être le partage exclusif
des enfans, n'en sont pas moins fort
actifs et très utiles au développement de
leurs forces, par exemple, le *sabot*, le
cerceau, la *corde*, etc.

DES RÈGLES A SUIVRE DANS L'EMPLOI DES EXERCICES.

Nous avons vu précédemment que les exercices *spontanés*, ou qui dépendent de l'action des membres et du corps, produisaient une excitation générale plus ou moins forte; que les exercices *passifs*, dans lesquels le corps est seulement déplacé sans que les muscles y contribuent par une action active, ne déterminaient qu'une suite de secousses des parties vivantes, propres à les affermir, à les fortifier sans les exciter; ajoutons que les exercices *mixtes*, comme sont le plus souvent l'équitation, la balançoire, l'escarpolette, peuvent avoir ce double résultat. Ce sont des règles et des distinctions qu'il ne faudra jamais perdre de vue, lorsqu'on voudra se livrer à un exercice quelconque, et prescrire les règles de son emploi.

Le choix du *lieu* où doivent se faire les exercices n'est point indifférent. Toutes choses égales d'ailleurs, le corps en éprouvera des modifications plus salutaires, quand ils seront pris en plein air, au milieu d'un champ, d'une campagne riante et agréable. Indépendamment des effets moraux qui en résultent, la respiration d'un air plus pur, plus vif, et l'action excitante de la lumière, auront une influence que l'on chercherait vainement dans un espace circonscrit, et surtout dans une chambre ou même une cour. C'est pour cela que l'équitation sera toujours plus salutaire que toutes les mécaniques proposées pour suppléer le cheval, et que l'usage de ces moyens artificiels sera toujours plus avantageux, lorsqu'on les placera dans un jardin ou dans tout autre lieu bien aéré. Il pourrait cependant se trouver des cas où il y aurait quelques inconvéniens à s'exposer au

4

grand air, et où l'on choisirait de préfé-
rence un exercice qui pourrait être exécuté dans un endroit enfermé. Aussi de-
vons-nous dire qu'un Gymnase ne peut
offrir tous les avantages que l'on doit en
attendre que quand il est assez vaste non-
seulement pour réunir beaucoup de jeux
et d'exercices dans une bonne exposition,
mais qu'il fournit les moyens de s'y livrer selon les circonstances et les besoins,
soit en plein air, soit dans des bâtimens,
et dans toutes sortes de situations.

Il faut aussi avoir égard au *temps*, à
la *saison*, au *climat*. Lorsqu'il s'agira d'un
exercice en plein air, il faudra préférer
le matin pendant l'été, et le milieu du
jour en hiver. Ces règles ne seront plus
nécessaires pour les exercices pris dans
un endroit renfermé ; toutefois les exercices actifs ne devront, dans aucun cas,
être permis pendant l'été, dans le moment
de la journée où la chaleur est la plus

forte; il serait même mieux, dans cette saison, de ne se livrer qu'aux exercices passifs. La même réflexion peut s'appliquer aux climats chauds; tandis que, dans le nord, la gymnastique a besoin d'être bien plus active.

L'état du corps est encore une circonstance qu'il ne faut pas négliger. Un jeune homme en sueur ne pourrait pas sans danger se livrer à un exercice passif, pendant lequel il serait sans action; et cet état, qui est ordinairement accompagné de faiblesse, est peu favorable à l'exécution d'un exercice actif. Il faut aussi recommander de ne point commencer les exercices sans avoir satisfait à des besoins qui pourraient devenir incommodes ou dangereux. On sent aussi que l'on ne devrait avoir recours qu'à des exercices passifs dans le cas de malaise, d'indisposition ou même de légères douleurs, parce que tout mouvement spontané serait plus ou moins nuisible dans ces divers états. Nous nous sommes déja expliqué sur l'emploi des exercices relativement aux repas. Nous ajouterons ici que si, en général, il est préférable de se livrer aux exercices avant de manger il ne faut pas les commencer pendant la faim. Nous répèterons en outre qu'après le repas il faut éviter les exercices violens, tandis que des mouvemens passifs sont le plus souvent favorables à la digestion.

L'*âge* doit aussi influer sur le choix des exercices. Les seuls mouvemens spontanés auxquels les très jeunes enfans peuvent se livrer sont ceux qu'on leur voit faire avec une sorte de jouissance lorsqu'on les a délivrés un moment de leurs langes. On ne saurait leur procurer trop souvent ces instans de liberté. C'est la véritable gymnastique de cet âge; elle est bien plus salutaire pour eux que tous les mou-

vemens que leur communiquent les femmes qui les portent et les balancent. Cependant on ne peut disconvenir qu'en les
secouant et les faisant sauter sans cesse
on leur procure un état de santé et de vigueur que n'ont pas les enfans qui sont
privés de ces exercices passifs. Au contraire, ces derniers ne conviennent pas
autant aux jeunes gens chez lesquels un
excès de vie et de force semble avoir
besoin d'être usé par des mouvemens actifs et répétés. C'est surtout pour cet âge
que la gymnastique offre plus d'avantage
et est appliquée avec plus de succès. C'est
le temps du développement de toutes les
parties; et l'on voit par l'activité natu-
relle des enfans et des jeunes gens qui
remuent, sautent, courent et dansent
sans cesse, que les grands mouvemens ne
peuvent que favoriser cet accroissement.
Nous croyons même que c'est le seul âge
où la véritable gymnastique, dont nous

4.

indiquerons les élémens, est réellement utile, parce que si plus tard les hommes peuvent encore user de leurs forces, il est évident qu'ils manquent de la souplesse, de l'adresse et de la vivacité nécessaires pour l'exécution de plusieurs des exercices du Gymnase.

Le *tempérament* mérite surtout d'être étudié lorsqu'on veut choisir l'exercice qui convient aux jeunes gens. Il serait imprudent de soumettre inopinément à un exercice violent ceux d'une très faible complexion, dont les chairs sont moles, la peau blanche, les cheveux blonds, et qui n'annoncent pas de vigueur. Pour remédier à cet état languissant, il faut d'abord raffermir leurs tissus par des exercices passifs fréquemment répétés, en commençant même par les plus doux. C'est surtout pour ceux-là que l'influence des exercices au grand air, tel que le cheval et l'âne, les voitures, les cha-

riots, etc., serait utile. Au contraire, ces
moyens, qui fortifient doucement la fibre
sans causer de déperdition, et par cela
même produisent la pléthore, comme
tous les exercices passifs, ne convien-
draient pas autant chez les sujets san-
guins et disposés aux hémorragies. Chez
ces derniers les exercices actifs, violens,
seraient dangereux, mais pendant leur
emploi seulement, car l'excitation plus
ou moins forte qui en est le résultat et
qui donnerait de l'activité à toutes les
secrétions, diminuerait la masse du sang
plutôt que de l'augmenter. Le tempérament nerveux présage une grande supériorité de facultés morales chez les
jeunes gens qui en paraissent doués ; mais
il peut devenir une source de maux
cruels si on ne diminue pas l'exquise
susceptibilité qui plus tard les produirait.
Cette disposition tient à la faiblesse ; les
exercices en fortifiant le corps en sont le

remède le plus certain, s'ils sont choisis et dirigés convenablement. Et que l'on ne craigne pas en faisant un corps robuste d'affaiblir ces facultés extraordinaires qui semblent dériver du tempérament nerveux ! Avec une telle constitution on ne peut jamais devenir un athlète, ce qui, comme l'on sait, serait convertir l'esprit en force. César et Henri IV, s'ils eussent passé leur enfance et leur jeunesse dans le repos, la mollesse et l'oisiveté, n'auraient été que des hommes spirituels et malades. Les exercices en fortifiant leur corps, ont permis à leur ame ardente de se développer, et ils ont étonné le monde par une supériorité d'esprit et une activité extraordinaires.

Les *habitudes* contractées ne doivent pas être négligées lorsque l'on veut conseiller ou défendre un exercice. Il en est de même des *professions*. L'enfant ou le jeune homme qui reste habituellement en

repos, ou qui est sédentaire par état, lorsqu'il entrera au gymnase ne doit pas y
être soumis à des exercices aussi actifs
que celui dont la profession ou les jeux
le tenaient dans une grande activité. Il
ne faut jamais oublier que la meilleure
application de la gymnastique sera toujours celle qui conduira l'élève des mouvemens les plus doux graduellement jusqu'aux plus actifs.

Quant à la *durée* des exercices, elle
ne peut être réglée d'une manière générale. Il serait fâcheux que vingt élèves
fussent soumis pendant un temps égal à
un exercice semblable; car, ce qui serait
facile pour les uns exténuerait les autres
de fatigue. Il convient donc de consulter
l'âge, les forces, le tempérament, les
habitudes de chaque élève, afin de ne
point exiger de lui des mouvemens trop
forts et trop long-temps continués, s'il
n'était pas capable de les soutenir.

La meilleure règle consiste à s'arrêter avant que la fatigue arrive, autrement on risque de dégoûter l'élève et de l'affaiblir, au lieu de le fortifier. Au-delà de ce terme l'exercice n'a plus que des dangers sans aucun avantage. On ne peut continuer des mouvemens qui ont amené un état de fatigue assez prononcé pour les rendre pénibles, sans des efforts qu'il faut accroître à chaque instant, et qui bientôt amènent une excitation vive, un trouble dans les fonctions, des mouvemens accélérés du cœur, de la chaleur, de la sueur, et tous les effets des exercices qui excèdent les forces, un état de langueur, de faiblesse, d'exténuation, de maigreur, etc., comme on le remarque chez certains artisans qui se livrent sans mesure à des travaux pénibles.

Enfin il est des circonstances qui rendent les exercices dangereux et doivent faire exclure du gymnase. Telle est la po-

sition des jeunes gens affectés d'anévrismes
du cœur et même des membres, de maladies asthmatiques, de disposition apo-
plectique, etc. Il est aussi des dispositions
spéciales qui ne se rapportent qu'à certains exercices. Ainsi l'un ne peut supporter la voiture la plus douce ; l'autre
éprouve le même effet par le bateau ; ce-
lui-ci se hâte de sortir de l'escarpolette
pour vomir ; celui-là y ressent des étour-
dissemens ; quelques-uns sont dans l'impossibilité d'aller à cheval, en chariot, etc.
Il est quelquefois utile de combattre ces
répugnances, mais il ne faut pas s'opiniâ-
trer à les surmonter quand cela paraît
trop difficile ; il vaut mieux dans ce cas,
renoncer à l'espèce d'exercice qui incom-
mode : il arrive souvent d'ailleurs qu'un
autre, même plus actif, n'a pas les mêmes
inconvéniens.

Telles sont les règles que nous croyons
les plus utiles pour l'emploi des exercices

et le choix que l'on doit en faire. Quelques précautions sont encore nécessaires
pour prévenir certains accidens qu'ils peuvent déterminer, lorsqu'ils ont été assez
actifs pour échauffer le corps et produire
la sueur. Tout le monde sait que dans cet
état il faut éviter d'exposer à découvert
une partie quelconque du corps au froid,
et surtout à un courant d'air; il faut encore éviter avec plus de soin d'avaler une
boisson froide en grande quantité, de se
plonger les mains ou les pieds dans l'eau
froide. Ces précautions qui semblent plus
nécessaires pendant l'hiver et dans les
temps froids, ne doivent pas non plus être
négligées l'été où la chaleur et la sueur
sont plus aisément décidées. Dans tous les
cas l'élève ne doit pas rester en repos après
une séance de gymnastique qui l'a fortement échauffé. L'exemple des écuyers qui
font promener pendant quelque temps
leurs chevaux après une course forcée,

doit être imité. Qu'après un exercice violent l'élève en exécute un plus tranquille
pour apaiser doucement l'excitation qu'il
ressent. S'il préfère rester en repos, qu'il
se retire dans un endroit chaud pour se
faire essuyer, même frictionner légèrement la peau et changer de linge. Enfin
s'il se trouvait dans l'impossibilité de prendre ces précautions, il devrait se mettre
auprès d'un bon feu et boire un verre de
vin. Quant aux soins qui doivent précéder
les exercices, nous les avons fait connaître; il suffira d'ajouter que les vêtemens
doivent être assez larges pour ne pas gêner
les mouvemens, sans cependant embarras-
ser par leur ampleur. Ils doivent aussi être
faits d'étoffe assez solide, mais point d'un
prix qui fasse craindre de la gâter dans les
divers mouvemens. Ils ne doivent point
contenir d'objets capables de blesser. Les
souliers doivent être larges. Aucun lien ne
doit serrer le corps ou les membres; il

sera mieux de n'avoir ni cravate ni jar-
retières. Enfin on doit avant d'entrer au
gymnase se débarrasser de toutes les entraves qui pourraient s'opposer à la liberté
des mouvemens.

DES MALADIES QUI PEUVENT ÊTRE COMBAT-TUES OU GUÉRIES PAR LES EXERCICES.

LES anciens avaient remarqué les heureux effets des exercices sur les jeunes
gens faibles, d'une complexion molle et
lâche, affectés de maladies de langueur,
et ils avaient tiré parti du gymnase pour
la guérison de beaucoup de maladies qui
résistaient aux médicamens. Les modernes
ont profité de ces observations; ils en ont
fait de nouvelles. Nous ne citerons que
les faits principaux, bien persuadés que
l'usage de la gymnastique en médecine

prendra plus d'extension à mesure que l'on en étudiera davantage les heureux résultats.

Nous avons vu que l'effet le plus général de l'exercice est de fortifier le corps et de combattre les dispositions de la jeunesse au tempérament nerveux, ce qui fait dire à un médecin qu'en corroborant l'économie vivante par la gymnastique, on verra disparaître cette mobilité nerveuse, cette sensibilité maladive, nées de la mollesse, et qui enfantent les maladies vaporeuses et hypocondriaques. C'est par l'effet de cette excitation que s'annonce à l'âge de la puberté cette fatale habitude qui attaque la vie dans sa source. Les mouvemens, en fortifiant les muscles, doivent modérer cette sensibilité vicieuse. D'ailleurs, ajoute le même médecin, l'exercice fait naître la lassitude et la lassitude le sommeil. Si l'adolescent, succombant au besoin du repos, dort profondément, il n'est et ne peut être réveillé par les fantômes d'une imagination déréglée.

On a conseillé les exercices dans les fièvres intermittentes. Si ces maladies étaient entretenues par de la faiblesse, il pourrait suffire, dans l'intervalle des accès, de fortifier les organes par un exercice passif comme le cheval, la voiture, ou un jeu si c'est un enfant ; mais, dans quelques cas, un exercice violent a prévenu l'accès par une grande perturbation dans les actions organiques, la sueur excessive et la forte excitation qui en est la cause.

C'est surtout dans les convalescences des maladies que les exercices peuvent rendre de véritables services, si l'on sait les diriger convenablement. Le convalescent qui ne peut pas encore faire quelques pas dans sa chambre sera porté ou roulé dans un fauteuil en attendant qu'il puisse supporter la voiture. Aussitôt qu'il pourra monter à cheval, il gagnera des

forces suffisantes pour se livrer à la marche, et bientôt il sera en état de retrouver
dans les exercices actifs du gymnase toute
la plénitude de sa vigueur.

Beaucoup d'affections chroniques reçoivent une influence favorable de la part
des exercices; mais on conçoit qu'il faut
y avoir recours avec les précautions que
nous venons d'indiquer pour la convales-
cence. On a vu des catarres chroniques
de la poitrine avec expectoration abon-
dante, des engorgemens indolens du foie
ou d'autres organes, des enflures com-
mençantes, des affections nerveuses de
l'estomac et des intestins, et les débilités
de ces parties, être sensiblement améliorés
par l'exercice du cheval, de la voiture ou
autres semblables. Dans bien des cas c'est
principalement au voyage qu'il faut attri-
buer le bon effet obtenu par les eaux mi-
nérales. Mais dans ces états maladifs et
autres analogues où les exercices passifs

5.

sont utiles, il est rare que les exercices actifs puissent trouver une heureuse application.

Il n'en est pas de même dans les affections scrofuleuses où la débilité, la pâleur, la mollesse, indiquent le besoin des mouvemens qui doivent être aussi actifs que les forces le permettent. Nous ne doutons pas que ces maladies, qui sont si répétées dans l'enfance et la jeunesse, seront au contraire très rares chez les enfans qui fréquenteront le gymnase et qui se livreront habituellement aux différens exercices dont il nous reste à donner la description.

DEUXIÈME PARTIE.

DESCRIPTION DES EXERCICES.

Nous emprunterons toute cette seconde partie à un ouvrage qui a eu le plus grand succès en Angleterre, qui a contribué à y répandre le goût et l'usage de la gymnastique, et qui a fait adopter cet art dans une foule d'établissemens publics et particuliers, principalement à Londres. Nous n'espérons pas obtenir de notre livre des résultats aussi avantageux ; mais nous serons assez récompensés de nos efforts si nous avons fait comprendre les avantages de la gymnastique et les services qu'on en peut retirer. En France, la conviction pour les choses utiles se fait souvent attendre long-temps : mais la raison finit toujours par l'emporter. Les Allemands, les Danois, les Suisses surtout, avaient précédé les Anglais dans la carrière que nous montrons à nos compatriotes; mais nous espérons que ces exemples ne seront pas perdus, et que nous verrons se former dans les lycées, les collèges, et même les pensions particulières, des établissemens de gymnastique, qui occuperont les élèves dans les momens de récréations d'une manière bien plus agréable, et surtout plus utile que les insipides jeux auxquels ils se livrent. Quand nos vœux seront accomplis, on ne verra plus sortir des études cette foule d'êtres sans grace et sans vigueur, qui semblent de chétives marionnettes que l'on ne croirait pas destinées à faire des hommes.

DES PRINCIPAUX OBJETS NÉCESSAIRES AUX EXERCICES.

L'emplacement du gymnase, choisi comme nous l'avons indiqué page 37 doit consister principalement dans un sol uni dont une partie découverte, une autre partie abritée, pour se mettre à couvert en cas de pluie, ou placer les objets qui peuvent y être déposés. Il faut aussi un lieu dont la surface inégale contienne plusieurs monticules plus ou moins élevés, afin d'exercer les élèves à monter, descendre, grimper, sauter sur toutes sortes de terrains. Enfin, pour prévenir les accidens, il faut encore réserver une surface assez étendue, recouverte d'une couche épaisse de paille ou de sable pour pouvoir y exercer les élèves à grimper, à sauter, faire des voltes, etc., sans que les chutes y soient dangereuses, ce qui contribue à donner aux jeunes gens une hardiesse qui augmente leur force et leur adresse.

Les instrumens indispensables pour les exercices dont nous allons parler, sont :

1° Le porte-marque pour mesurer l'étendue des sauts.

2° Une barre horizontale.

3° Des barres parallèles.

4° Un cheval de bois pour les voltes.

5° Un mât de Cocagne avec toutes ses dépendances, telles que cordes, échelles, perches, planches, etc.

On peut se procurer tous les objets pour une somme de 250 à 300 francs.

Toutes les opérations doivent être faites sous les yeux d'un maître.

Les élèves devront être classés par catégories, suivant l'âge, la grandeur, la force, l'adresse acquise, etc.

LA MARCHE.

Cet exercice, le plus simple en apparence de tous ceux que la gymnastique enseigne, est en quelque sorte le fondement de tous les autres. Il est peu d'hommes qui sachent bien marcher s'ils n'ont appris à régler leurs mouvemens d'après les leçons d'un maître. La tête et le corps doivent être tenus droits, les épaules rejetées en arrière, de manière à faire saillir la poitrine en devant, les genoux tendus, la pointe des pieds très peu tournée en dehors, à moins que l'on ne préfère la grace du danseur à une marche assurée. Les bras doivent se mouvoir avec aisance et liberté, les pieds décrire sur la terre deux lignes parallèles, et s'appuyer avec fermeté sur toute la plante et non sur les orteils ou les talons. On fait cependant marcher les élèves sur la pointe du pied et les talons, mais ce sont des exercices préparatoires.

La marche se divise d'après la vitesse, comme il suit :

Pas ordinaire ou lent ;

Pas redoublé, ou une fois plus vite ;

Pas accéléré ou triplé.

On doit faire aussi le pas rompu qui consiste à faire *une, deux, trois*, avec une vitesse égale à la prononciation, et les trois pas suivans avec lenteur.

Pour commencer l'école de la marche, l'écolier lève le pied et le porte en avant ; le genou et le cou-de-pied sont tendus, tandis que la pointe du pied s'incline légèrement vers la terre. On répète ensuite lentement les mêmes mouvemens avec l'autre pied. Cet exercice doit être continué jusqu'à ce que l'élève s'y soit assez habitué et perfectionné.

Le pas marqué une, deux, trois, consiste à prononcer *un* en posant le talon à

terre ; *deux* en abaissant la pointe et relevant le talon ; *trois* en rabaissant le talon.
On fait le même exercice en arrière ou *à*
reculons. Dans ce cas les trois temps se
font en sens inverse de la pointe au talon.

La marche en *arrière* est beaucoup plus
difficile parce que la vue manque pour la
diriger, que le talon ne dépasse pas la
jambe, comme le pied en devant, pour retenir la chute qui d'ailleurs est bien plus
dangereuse dans ce sens, les mains et les
bras ne pouvant la prévenir ou la rendre
moins violente. Toutefois cette sorte de
marche pouvant dans bien des circonstances devenir fort utile, nous conseillons
dans une école de gymnastique d'y exercer les élèves. Il en doit être de même de
la marche *de côté,* de la marche *oblique,*
de la marche *ascendante* et de la marche
descendante. Ces deux dernières doivent
surtout être pratiquées souvent, par cela
même qu'elles causent plus de fatigue. Il

6

faudra aussi habituer les élèves à marcher sur un plan étroit où l'on ne peut placer qu'un seul pied, sur un terrain raboteux, inégal, sur un sol mou qui fléchit sous le pied, etc.

Pour arriver à faire ces exercices avec une grande précision, on doit commencer d'abord lentement et en augmenter ensuite graduellement la vitesse.

La marche ordinaire peut être également accrue de vitesse par un exercice graduel ; l'habitude surtout augmente les facultés du marcheur. Si nous parcourons cinq milles par jour durant une semaine, nous en pourrons faire huit la semaine suivante, et nous pourrons augmenter ainsi jusqu'à parcourir quarante et cinquante milles dans un seul jour.

On appelle pas modéré faire trois milles par heure ; trois milles et demi dans le même espace de temps est le pas vif ou accéléré ; enfin le pas alongé ou redoublé fait faire quatre milles à l'heure. Mais en général une marche de longue haleine ne comporte que trois milles, ou tout au plus trois milles et demi chaque heure.

———

LA COURSE.

La course exigeant des mouvemens plus actifs que la marche, il importe encore plus d'y habituer graduellement les élèves. C'est sans contredit un des exercices les plus en usage et les plus utiles pour développer les forces. On peut s'y exercer partout. Il est plus aisé sur un terrain uni; mais il faut s'y livrer sur toutes sortes de sols : il faut courir sur un emplacement carré, long, circulaire; s'habituer à se détourner promptement de la ligne droite, faculté que n'ont pas les animaux, et qui peut être d'un grand avantage lorsqu'on est poursuivi. Il faut courir en montant, et surtout en descendant, ce qui est plus dangereux si on n'en a pas contracté l'habitude.

Pour la course on doit avoir une chaussure commode et des vêtemens légers, la tête nue, le cou et même la poitrine découverte. Le corps doit être libre de toutes entraves, les bras presque immobiles et la respiration retenue.

Une course raisonnable fait parcourir un mille en cinq minutes, mais cette vitesse peut être beaucoup augmentée. Un élève âgé de moins de quinze ans a parcouru sept cents pas en une minute.

LE SAUT.

De tous les exercices corporels, dit M. Clias, le saut est sans contredit un des plus beaux et des plus utiles. Comme il ne s'exécute avec facilité qu'à proportion de la force, de l'élasticité et de la souplesse des articulations et des muscles des extrémités inférieures, on a besoin de beaucoup s'exercer pour atteindre à ce degré de perfection qui applanit tous les obstacles, ou nous procure les moyens de les franchir sans danger. Dans un incendie, dans une inondation, c'est souvent au moyen d'un saut déterminé qu'on se tire d'un grand péril, ou bien qu'on rend à ses semblables des services importans. Dans une voiture, souvent à la merci d'un cocher endormi ou bien ivre, sur un cheval fougueux, dans mille circonstances enfin, un saut, exécuté avec promptitude et assurance, peut nous sauver la vie ou nous préserver de la fracture d'un de nos membres. La légèreté et l'aplomb constituant tout le mérite du saut, on doit faire son possible pour acquérir ces deux qualités, car sans elles le saut n'a ni grace ni sûreté.

6.

Pour remplir ces deux dernières con-
ditions, voici les règles dont on ne doit
pas s'écarter :

1° Avancer les bras en avant, de manière que les mains, qui semblent diriger
le mouvement, peuvent parer la chute si
les forces trompaient le sauteur, et dans
tous les cas quand on saute d'une grande
hauteur.

2° Le haut du corps doit être plié en
avant, de façon que dans l'effort l'élève ne
puisse pas tomber à la renverse à la fin du
saut.

3° Tomber sur la pointe des pieds en
fléchissant les genoux et les hanches pour
amortir la commotion et la chute. Si l'on
tombait sur les talons, surtout sans plier
les articulations de la jambe et des cuisses,
la secousse serait transmise à la colonne
vertébrale, et répercutée par la tête d'une
manière dangereuse.

4° Retomber les deux pieds ensemble.

5° Retenir l'haleine au moment du plus grand effort, ce qui donne à la poitrine plus de fixité pour servir d'appui aux mouvemens des membres.

6° L'étendue des sauts doit être graduée. Ceux en hauteur, d'abord de deux pieds, seront ensuite de trois, de quatre, etc.; ceux en longueur, en commençant à trois ou quatre pieds, seront portés à huit, dix et plus, selon l'âge, les forces, etc.

EXERCICES PRÉLIMINAIRES POUR LE SAUT.

On commence par placer les mains sur les hanches, le pouce en arrière, ainsi qu'il est représenté *pl. Ire fig.* 1re. L'élève s'avance sur la pointe des pieds en ne pliant les genoux que le moins possible. Ce mouvement, que l'on appelle *sauter en marchant*, opéré d'abord lentement, peut ensuite être fait avec une grande vitesse.

PREMIER SAUT. *Pl. Ire, fig. 2.*

Les bras et les mains tenus de même, les genoux roides, la poitrine en avant, on lève un pied, l'autre plie vers la pointe, et c'est à l'aide de ce dernier que le saut s'opère par un effort prompt et subit semblable à la détente d'un ressort. On répète ce petit saut par une suite d'efforts successifs, avec plus ou moins de vitesse.

S'ABAISSER OU S'AFFAISSER SUR LA POINTE DES PIEDS.

Les mains toujours sur les hanches, le corps plié dans l'attitude *accroupie*, et supporté sur la pointe des pieds, l'élève fait des efforts comme pour se relever, et il réitère ces mouvemens sans changer de place sur le terrain. *Pl. Ire, fig. 3.*

JETER OU LEVER LES PIEDS EN ARRIÈRE.

Les mains sur les hanches, le corps
élevé sur la pointe des pieds, on en élève
un par derrière de manière à aller frapper
la fesse du même côté avec le talon,
pl. II fig. 1re. On fait le même mouvement avec l'autre, et après l'avoir répété
alternativement, on enlève les deux pieds
à la fois, dont les talons vont frapper les
deux fesses en même temps.

SAUTER LES GENOUX ÉLEVÉS.

Pour faire cet exercice, il faut tenir la
tête et les épaules droites, le corps un peu
plié en avant et les jambes appuyées l'une
contre l'autre. Il s'exécute par l'effet d'un
effort qui élève les genoux jusqu'à la

poitrine, *Pl. II*, *fig.* 2, en même temps que les pieds quittent la terre.

LE SAUT ALONGÉ.

Il s'exécute ordinairement sur un terrain ferme et uni, sur lequel on fait des marques, ou raies parallèles, à des distances égales et plus ou moins grandes. La première de ces marques est le point de départ pour sauter. Les élèves se succèdent un à un, et franchissent un plus grand nombre de marques selon la force et l'habitude acquise. On commence ce saut sans courir ni prendre d'élan. Les pieds restent joints ensemble; l'effort a lieu sur la pointe des pieds; c'est ce que l'on nomme *sauter à pieds joints*. Cette espèce de saut ne peut jamais être très alongé, mais il n'en faut pas moins, en l'exécutant, porter les bras, et même plier le corps en devant, surtout à la fin du mouvement lorsque l'on tombe ou que l'on descend.

Dans le saut alongé, qui se fait avec élan à la suite de la course, on franchit un plus grand espace. L'élève qui saute en courant, *pl. III*, fait au moins dix à douze pas courts, dont les derniers sont plus rapides. Au moment de l'élan, il frappe le sol d'un seul pied, qu'il se hâte de ramener au niveau de l'autre, afin de retomber sur les deux en même temps. C'est principalement dans cet effort qu'il faut porter les bras en avant et incliner le corps.

LE SAUT ÉLEVÉ.

L'étendue de ce saut se mesure à l'aide d'un *porte-marque* qui se compose de

deux poteaux droits percés dans leur
épaisseur de trous à distances égales.
travers deux de ces trous, et à une hau
teur convenue, on passe deux cheville
A B, *pl. IV*, sur l'extrémité desquelles es
posée horizontalement une ficelle D, qu
deux sacs de sable E F tiennent tendue.
Si le sauteur vient à toucher à cette ficelle,
elle glisse de dessus les chevilles sans résistance, et par conséquent sans danger.

Les premiers essais de ce saut se font
d'abord à pieds joints, et par conséquent
peu élevés; on continue ensuite à l'aide
de l'élan en courant, en sorte qu'il ne diffère du saut alongé qu'en ce que l'effort
est dirigé de manière à élever le corps le
plus possible quand il a quitté le sol.

SAUT DE PROFONDEUR.

En sautant de l'espèce d'escalier que nous avons représenté *pl. V,* les pieds doivent être joints, et quitter leur appui ensemble; le corps est plié en devant, et les mains avancées pour toucher le sol, à la fin du saut, avant la pointe des pieds.

Le plus ordinairement, dans cette espèce de saut, les pieds touchent les premiers, et les mains ensuite, si l'équilibre ne peut être conservé. Tous ces sauts, qui se commencent au second ou troisième échelon, peuvent être poussés jusqu'à douze et quinze pieds de hauteur.

––––––––

SAUTER OU FRANCHIR A L'AIDE DE LA PERCHE.

Ces exercices exigent beaucoup de force dans les mains, les poignets et les bras.

7

Tout le corps contribue à cette espèce de saut qui nécessite de l'adresse, de l'habitude, et quelque connaissance de l'*équilibre* et des *balancemens* dont nous aurons bientôt à parler.

SAUT ÉLEVÉ A LA PERCHE.

Saisissez une perche en l'empoignant à la hauteur de la tête environ, de la main droite, et à la hauteur des hanches de la main gauche, *pl. VI*. Posez le bout de cette perche sur la terre, et faites un effort vigoureux de repoussement avec le pied, afin d'enlever le corps et de le faire passer sur la gauche de la perche, de façon qu'en tournant, la figure soit dirigée vers le lieu d'où l'on est parti.

Quand l'élève s'est rendu cet exercice familier, il doit le varier à l'aide du *porte-marque*. Ainsi, il peut abandonner la

perche au moment où il a fini de s'en servir pour se donner l'élan ; dans ce cas, il
la repousse légèrement, et l'éloigne de lui
en franchissant la corde du porte-marque.
Il peut aussi la faire passer avec lui à travers les montans du porte - marque,
comme on le voit dans notre planche ;
mais cet exercice est assez difficile.

Le saut alongé est d'ailleurs plus beau
et peut être bien plus utile , attendu qu'il
s'exécute au-dessus d'un fossé, d'un sillon,
d'un ruisseau, ou même d'un monticule.
Il ne diffère pas du saut élevé; seulement,
comme il est destiné à franchir, la direc-
tion de l'élan doit être donnée plus horizontalement, et, pendant tout le temps
que le corps est suspendu en l'air, les
deux mains doivent appuyer fortement
sur la perche, afin de retarder le plus long-
temps possible la chute, et porter les pieds
plus loin du point où appuie la perche, ce
qui alonge d'autant l'étendue du saut.

SAUT DE PROFONDEUR A LA PERCHE.

L'élève appuie la perche dans le lieu où il veut descendre ; il l'empoigne des deux mains à la hauteur où il se trouve placé, *pl. VII*; au moment où ses pieds quittent leur appui , tout le poids du corps porte sur la perche ; mais en s'élançant il dirige son effort de manière à tourner en faisant pivoter la perche , en sorte qu'en arrivant à terre la figure est dirigée vers le point de départ des pieds.

BARRES PARALLÈLES.

EXERCICES PRÉPARATOIRES.

On se prépare aux exercices des barres parallèles, lorsque, dans la station du corps , les mains étant fermées et le pouce

dans les doigts, on projette les bras en devant et qu'on les tient droits et fixes, de
manière que les mains se touchent par le
dos, *pl. VIII, fig.* 1ʳᵉ. On étend ensuite
les bras en arrière en faisant faire un mouvement aux mains qui ramène les pouces
en haut, de façon que si l'on parvient à les
approcher en arrière, elles se touchent
par le dos, comme elles étaient en devant.
On ramène alors les bras sans changer la
position des mains, et on les tient droits
de chaque côté du corps. On plie les cou-
des en les tenant à la hauteur des épaules
où l'on ramène subitement les mains,
fig. 2. Dans ce mouvement, les poignets
ont encore tourné, les pouces sont en bas,
et c'est le dos de la main qui appuie sur
chaque épaule. Enfin, les bras sont élevés et tenus droits au-dessus de la tête,
les pouces toujours en devant, *fig.* 3. Le
dernier exercice consiste à les rabaisser subitement de chaque côté du corps, sans

tourner le poignet, en sorte que c'est encore le dos de la main qui vient s'appuyer
sur la cuisse. Ces divers mouvemens doivent être répétés un grand nombre de fois.

PREMIÈRE POSITION SUR LES BARRES.

Les barres laissent entre elles un espace
où le corps peut se mouvoir ; elles sont à
une hauteur de quatre ou cinq pieds.
Pour exécuter la première position, l'élève
se soutient sur les deux mains, les bras
étant tenus roides le long du corps, *pl. IX.*
Il fait alors des efforts alternatifs de
chaque main, qui le font avancer d'un
bout des barres à l'autre : ensuite il revient en arrière, par des mouvemens op-
posés. Après ce premier exercice, le même
trajet doit être fait sur les barres, en avançant et en reculant les deux mains à la
fois, ce qui forme une suite de petits

sauts sur ces extrémités. Dans tous ces mouvemens, les membres inférieurs doivent être tenus droits, pendans et serrés l'un contre l'autre.

BALANCEMENT SUR LES BARRES.

Cet exercice s'exécute par des mouvemens qui se passent principalement dans les épaules, et par la force des bras et des poignets. L'élève soutenu sur les mains comme dans la première position, balance son corps en avant et en arrière, en décrivant avec ses pieds la ligne A. B. *pl.* X. Après trois ou quatre balancemens, l'élève s'élance par-dessus une des barres, par un effort de la main qui quitte la barre opposée. On fait le même mouvement en arrière. On peut varier ce dernier exercice en posant, à la fin du balancement, une cuisse sur l'une des bar-

res afin de servir de point d'appui plus
solide, pour franchir par-dessus la barre
du côté opposé.

ABAISSER ET LEVER LE CORPS A LA FORCE DES BRAS.

Le corps, soutenu dans la première
position, *pl. I X*, on commence par abaisser
le coude droit jusque sur la barre; on
appuie ensuite le gauche de même; on re-
lève le premier jusqu'au niveau du sommet de la tête; puis le second, et alors
on fléchit la jambe pour poser les genoux
à terre, *pl. XI*. On doit ensuite relever le
corps à la force des bras, replacer les cou-
des sur les barres, reprendre la première
position et répéter tous ces mouvemens
qui demandent de la force, de l'adresse;
et que l'on ne peut exécuter avec une

certaine précision, sans une grande habitude.

———

La première position sur la barre horizontale consiste à la saisir des deux mains,
du côté où l'écolier est placé, c'est-à-dire
les pouces en dedans, et à élever plus ou
moins la tête au-dessus de cette barre,
pl. XII, fig. 1re.

Dans la seconde position, les mains
sont placées du côté de la barre opposé à
l'élève, et par conséquent les pouces en
dehors, *fig.* 2.

Enfin, dans la troisième position, l'é-
lève est sous la barre, le corps droit et
suspendu par les mains, une de chaque
côté, *fig.* 3. Il doit alors parcourir toute
la longueur de la barre, sans laisser toucher ses pieds qui sont tenus rapprochés,

On peut exécuter ce déplacement de deux
manières : par un léger mouvement des
mains sans changer leur situation respective sur la barre, ou par des mouvemens
plus étendus, en les faisant passer l'une
par-dessus l'autre; enfin on doit parcourir la barre de même en rétrogradant ou
à reculons.

Planche XIII.

Placé dans la troisième position que
nous venons de décrire, l'élève se balance
dans le sens de la longueur de la barre,
et, dans un élan un peu plus fort en
devant; il jette ses deux pieds de chaque côté et arrête ses deux talons en-
dessus, *fig.* 1ʳᵉ. On doit ensuite laisser
retomber les pieds et recommencer plusieurs fois.

Pendant qu'il est suspendu ainsi à la
barre par les pieds et les mains, il doit
en parcourir la longueur, d'abord la tête,

avançant, ensuite les pieds, au moyen des mouvemens alternatifs des mains et des pieds.

Dans la même position, l'élève quittera la barre de la main droite, et se soutiendra par le pli des bras du même côté; il quittera de même le talon droit pour embrasser la barre avec le jaret, puis il lâchera la barre de la main et du pied gauche qui resteront suspendus, *fig.* 2. Le même exercice sera fait avec les deux membres du côté gauche. Enfin, on devra se suspendre avec le bras droit et la jambe gauche, ainsi qu'avec le bras gauche et la jambe droite.

On peut encore, en tenant fortement la barre de la main droite, jeter la jambe du même côté par dessus, serrer cette barre avec le pli du genou, et élever le corps jusqu'à ce que l'aisselle gauche embrasse la barre et s'y fixe.

De cette position, l'élève peut, par un

effort vigoureux, et par un seul mouvement, se mettre à cheval sur la barre. Il peut alors, en se fixant fortement sur les mains et en penchant le corps en avant, passer en arrière une jambe par-dessus la barre, et il se trouve porté sur les deux mains, les bras tendus, *pl. XIV*, *fig.* 1re.

Dans cette dernière position, l'élève peut jeter le corps en devant, jusqu'à ce que la tête soit en bas et les pieds en haut ; il a mouliné sur les mains qui le soutiennent, *fig.* 2. En mettant les mains dans une position inverse, on peut exécuter le mouvement en sens opposé, c'est-à-dire tourner sur la barre le dos en avant. Cet exercice en arrière est plus difficile que le premier, aussi faut-il faire plusieurs balancemens des pieds en bas pour donner plus de force à l'élan qui doit renverser la tête en arrière. Dans tous ces mouvemens, les deux jambes doivent toujours rester bien

exactement appliquées l'une contre l'autre
et bien tendues sur les cuisses.

Enfin, le dernier exercice consiste à
passer les pieds entre la barre et les mains
bien fixées sur elle, *fig.* 3. L'élève les
alonge alors plus ou moins, en les faisant
dépasser la barre en haut, ou pencher en
devant du côté de la figure, et les repasse
ensuite sous la barre pour les faire retomber à terre.

BALANCEMENS OU ÉQUILIBRES.

Les préparations à ces exercices con-
sistent à se tenir sur un pied, puis sur
l'autre, à y prendre toutes sortes d'atti-
tudes, comme de pencher le corps dans
tous les sens, de lever le pied libre en
avant, en arrière, de côté, de le prendre
dans l'une et l'autre main, de le porter
d'une ou de deux mains à la figure, de

8

manière à faire toucher le talon ou le bout du pied, soit au menton, au nez, ou au front, *pl. XV, fig.* 1re, etc., etc.

On peut encore, en se tenant sur un seul pied, se baisser jusqu'à ce que, l'autre pied étant rejeté en arrière, le genou vienne toucher la terre, et reprendre ensuite sa position sans autre aide que le membre sur lequel on s'appuie.

Enfin, on s'asseoit en fléchissant doucement sur un seul membre, l'autre jambe tenue droite en avant ainsi que les bras, *fig.* 2, quand on est assis, il faut se relever dans la même position, sans poser à terre les mains ni l'autre pied. Il faut se rendre également habile des deux pieds à cet exercice.

BARRE A ÉQUILIBRES.

C'est un mât de soixante pieds de longueur environ, arrondi, épais de douze à
quatorze pouces à une extrémité, et s'a-
mincissant à l'autre jusqu'à n'avoir que
la force suffisante pour ne pas se rompre
sous le poids des élèves. Elle est fixée sur
deux points; à la grosse extrémité et à
son milieu, en sorte que son bout mince
et flexible reste sans appui et branlant.

Les exercices doivent commencer dans
la partie solide de la barre, où ils sont
plus aisés à cause de son épaisseur qui
donne un appui plus large aux pieds. On
fera bien même d'assister les premiers
pas des élèves en les soutenant des deux
mains, puis d'une seule, ensuite on les
abandonne tout-à-fait quand ils sont fa-
miliarisés avec cet exercice. On les engage
alors à balancer leurs bras, à les étendre,

les croiser sur la poitrine, sur le dos,
pl. XVI, fig. 1re, etc.

Aussitôt que les élèves peuvent marcher avec confiance sur la barre, il faut leur faire essayer différentes évolutions, et tous les exercices d'équilibre que l'on peut faire sur le terrain, afin qu'ils acquièrent de l'aplomb, de l'aisance et de la grace. On devra aussi augmenter les difficultés en les faisant enjamber par-dessus des pierres posées sur la barre, une baguette tenue au-dessus, etc.

Quand ils auront parcouru toute la barre, au lieu de leur permettre de descendre pour revenir, il leur faut faire faire volte-face. On sent que, comme il n'est pas facile de se retourner sur la barre sans s'y être exercé, on ne devra pas commencer ce mouvement lorsque l'on est arrivé à l'extrémité branlante. Il est très difficile de soutenir l'équilibre à ce bout de la barre qui n'a ni largeur

ni solidité, et qui communique des ébranlemens que l'on ne peut soutenir qu'à
force d'habitude. Enfin on doit exiger des
élèves qu'ils parcourent la barre à reculons.

Quand deux élèves se rencontrent sur
la barre, ils doivent se prendre récipro-
quement par les bras, *fig.* 2, et pour
passer, chacun avance le pied droit entre
les jambes de l'autre, et en comptant, *un
deux*, *trois* ensemble, pour que leurs
mouvemens soient d'accord, ils font une
pirouette, comme un demi-tour de walse,
et se trouvent ainsi passés chacun du côté
opposé.

ÉCHASSES.

Cet exercice doit suivre les équilibres
que nous venons d'indiquer. Il suffit,
pour faire une échasse, d'un bâton droit,

8.

long et solide, dans lequel on fixe une cheville qui sert à appuyer le pied et à porter le poids du corps; mais les échasses sont des instrumens plus solides et plus appropriés à leur destination. On commence à se servir d'échasses dont la cheville ou support est peu élevé, afin que l'équilibre soit plus aisé à conserver. Dans les premiers exercices, il est bon aussi de tenir le haut de l'échasse avec la main, pour pouvoir la lâcher et sauter à terre lorsqu'on se sent entraîné. Mais quand l'élève a plus d'habitude et est assuré de se soutenir, non-seulement il s'appuye plus haut sur l'échasse, mais il la fixe à la hanche et au genou, *pl. XVII*, de manière qu'elle forme corps avec le membre qui en est alongé, et peut faire de très grandes enjambées. On sait que les habitans des Landes de Bordeaux font ainsi des voyages très longs avec une grande célérité. Elles ont été introduites récemment en Angleterre. Lorsqu'on a pris de l'habileté à cet exercice, on peut suivre une diligence sans danger et sans beaucoup d'efforts.

LA VOLTE.

La machine destinée à faire les voltes est un gros cilindre de bois de la grosseur du corps d'un cheval, et un peu plus long, arrondi aux deux extrémités, et solidement fixé à terre sur quatre pieds égaux, *pl. XVIII.* Au milieu se trouvent deux élévations écartées de manière à figurer entre elles une selle de cheval. Entre ces élévations et les bouts du cheval se trouvent des espèces de panneaux en cuir rembourrés de laine, et attachés avec des courroies. Cette machine peut, au reste, se garnir ainsi dans une plus ou moins grande étendue, pour rendre plus doux les mouvemens des élèves en faisant les voltes.

PREMIER SAUT SUR LE CHEVAL.

On appuie les deux mains sur la croupe, et par un effort subit, un élancement des pieds, on s'élève suffisamment pour venir s'asseoir sur la volte ,*fig.* 1.

SECOND SAUT SUR LE CHEVAL.

Etant assis sur la selle, l'élève la quitte en faisant un effort de ses mains, jusqu'à ce que ses pieds posent dessus, *fig.* 2. Dans cette position, il lui est facile de s'élever debout, et ensuite, en posant ses mains sur l'élévation la plus éloignée, de retomber en selle comme un cavalier.

VOLTIGE SUR LA SELLE.

Cet exercice s'exécute en courant, afin de donner plus de force à l'élan, comme on saute à la fin d'une course, ou par un simple effort. Dans tous les cas, les deux mains étant placées sur le devant de la selle, on les appuie fortement en s'élançant de terre de manière à passer une jambe par dessus le cheval et à la rejeter de l'autre pour se placer en selle, *pl. XIX.*

VOLTIGE DE CÔTÉ.

Le mouvement se commence de même; mais au lieu de ne passer qu'une jambe par-dessus la selle, on les lance toutes les deux à la fois, et au moment où elles vont franchir le cheval, une main abandonne le pommeau de la selle, *pl. XX*, pour donner plus de facilité à retomber de l'autre côté sur la pointe des pieds, et le plus légèrement possible. Cette espèce de voltige, comme le précédent, doit se faire des deux côtés.

VOLTIGE EN TRAVERS LA SELLE.

L'élève, la figure placée devant le côté de la selle, et une main appuyée sur chaque élévation, s'élance avec force, de manière à aller poser ses pieds sur le milieu de la selle, *pl. XXI*, ou à les faire passer de l'autre côté, en allant retomber à terre.

PORTE-MATS POUR GRIMPER.

Nous avons représenté, *pl. XXII*, trois porte-mâts qui réunissent tout ce qui est nécessaire pour grimper à la corde, au mât, à la perche, à l'échelle. Nous ne

nous arrêterons pas à l'usage de chaque
pièce ; nous ne décrirons même pas les
porte - mâts très simples, représentés
fig. 2 *et* 3 ; nous allons seulement faire
connaître la composition du grand mât,
fig. 1re.

Deux gros morceaux de bois ou chevrons A A sont fixés verticalement dans
la terre.

Ils en supportent un autre de même
grosseur qui appuie et est fixé à leurs
extrémités B B.

Le mât C est fixé par le haut.

Au haut de ce mât se trouve une calotte E où chapeau en fer, duquel descendent deux verges ou baguettes du
même métal F F, pour supporter la plate-
forme D, laquelle est d'ailleurs appuyée
à ses extrémités, sur un support O O.

Deux échelles L L, posées obliquement.

Une corde M également oblique.

Une planche N.

Une échelle de corde K.

Chevrons posés de biais ou arcs-bou-
tans H H.

Trois cordes III tombant verticalement jusqu'à terre sans y être fixées.

Enfin aux deux coins de la plate-forme
D se trouvent deux forts anneaux de fer,
à travers lesquels passent les deux tringles
F F. Par ce moyen, la plate-forme est susceptible de recevoir divers degrés d'élévation, suivant le désir du maître ou la
force et l'habileté des élèves.

GRIMPER A LA CORDE.

On serre fortement la corde avec les
mains et entre les deux pieds, *pl. XXIII*,
et pour monter, on détache la main la
plus basse pour la porter au-dessus de
l'autre; on remonte ensuite les pieds,
puis l'autre main et ainsi de suite.

GRIMPER A LA FAÇON DU MATELOT.

Dans cette manière de grimper, la corde est tenue des deux mains, passe entre les cuisses et vient s'entortiller autour d'une jambe, en passant sur le cou-de-pied, en-sorte qu'elle se trouve serrée entre les deux pieds, *pl. XXIV.* On monte ainsi, avec plus de facilité et de vitesse.

GRIMPER A LA CORDE OBLIQUE.

On peut monter à la corde oblique, des deux façons que nous venons d'indiquer; mais une meilleure méthode consiste à poser la plante du pied gauche sur la corde, tandis que le mollet de l'autre jambe vient appuyer sur le cou-de-pied, et va se croiser, de manière que le talon du pied droit serre la corde du côté op-posé, *pl. XXV.*

9

Dans tous ces exercices, il faut remarquer que lorsqu'on descend, on ne doit jamais se laisser glisser, parce que la corde écorcherait la peau; mais faire un mouvement de déplacement des mains, de même que pour monter et en sens contraire.

GRIMPER A LA PERCHE.

La perche, serrée entre les cuisses et les jambes qui se tortillent autour, doit être tenue par les mains, placées l'une au-dessus de l'autre, *pl. XXVI.* Pour grimper, pendant que les mains fixent le corps à la perche, les jambes s'élèvent en glissant; lorsque celles-ci serrent la perche, les mains; à leur tour, remontent en glissant et en conservant leur position respective, au lieu de passer l'une par dessus l'autre, comme pour grimper à la corde.

DESCENDRE DE LA PERCHE.

Il suffit, pour descendre de la perche, de la tenir par les jambes et les avant-bras, *pl. XXVII*, et de ne la serrer que médiocrement, en se laissant glisser. Mais s'il n'est pas nécessaire de se servir des mains, on ne doit pas moins les tenir prêtes de chaque côté à reprendre la perche pour arrêter, s'il était nécessaire, un mouvement de descente trop rapide.

On peut aussi grimper à la perche avec le secours des mains seulement, mais avec plus de peine.

On remarquera que les exercices sur la perche oblique sont plus aisés, ce qui doit la faire préférer pour les commençans.

GRIMPER EN-DESSOUS DE L'ÉCHELLE PAR SES CÔTÉS.

En prenant chaque côté de l'échelle d'une main, le corps reste suspendu au-dessous, *pl. XXVIII.* Pour grimper, on élève alternativement une main et puis l'autre en montant de cette façon aussi haut que les forces le permettent.

GRIMPER AU-DESSOUS DE L'ÉCHELLE PAR LES ÉCHELONS.

Cet exercice ne diffère du précédent qu'en ce que les mains appuient alternativement sur les échelons, *pl. XXIX.* L'écolier doit s'efforcer de serrer fortement près des côtes le coude du bras le plus bas avant de faire le mouvement nécessaire pour monter.

GRIMPER AU-DESSOUS DE L'ÉCHELLE PAR UN CÔTÉ.

Cette manière diffère peu des deux autres. Il faut observer dans toutes les trois de tenir les jambes droites et serrées l'une contre l'autre, comme on le voit *pl. XXX.*

GRIMPER LA PLANCHE.

On se sert d'une planche de deux pieds de largeur environ sur deux pouces d'é-paisseur. Quant à l'inclinaison, elle doit être de 35 à 5o degrés, plus ou moins suivant la force des élèves ou l'habitude qu'ils ont de cet exercice.

Pour s'élever sur la planche, on place les mains de chaque côté, tandis que les pieds vont au milieu, *pl. XXXI* ; il suffit ensuite, quand on appuie sur les mains, d'élever un pied et puis l'autre ; et, lorsque les pieds sont arrêtés, de remonter de même les mains. Pour descendre, on est obligé de faire des mouvemens plus petits, mais répétés.

***

PAS VOLANT, OU L'ENJAMBÉE DES GÉANTS.

On fixe solidement en terre un mât ou poutre de quinze à vingt pieds. On pose sur son sommet une calotte en fer disposée pour y tourner très facilement ; à cette calotte, et à distances égales, sont attachées quatre cordes qui descendent jusqu'à trois ou quatre pieds de terre, et au bas desquels sont fixés par le milieu autant de petits palonniers, ou barres de bois longues d'un pied à un pied et demi. Les élèves saisissent ces barres par les deux mains, s'écartent du mât, et courent

de toute leur force en décrivant un cercle.
Bientôt la vitesse et l'élan leur font quitter la terre qu'ils ne touchent par intervalle que de la pointe du pied. Ils peuvent
même, en relevant les genoux contre la
poitrine, être transportés ainsi pendant
long-temps. Quelquefois ils se choquent,
mais toujours sans se faire mal. Cet exercice, qui est très actif, est un des plus
amusans et des plus salutaires.

NATATION.

La natation est l'art de se mouvoir à
volonté dans l'eau. Un traité de gymnastique qui omettrait cet exercice serait in-
complet, puisqu'il est un des plus utiles à
la santé et qu'il peut rendre à l'homme les
plus grands services. Mais cet exercice ne
ressemble nullement aux précédens, et
les considérations générales qui forment

la première partie de notre livre, ne pouvant s'y appliquer de tous points, nous avons préféré en traiter à part.

Ce qui donne à cet exercice un caractère propre, c'est qu'il s'exécute dans l'eau, et surtout dans l'eau froide; or, pour apprécier tous ses effets sur le corps, il ne suffit pas de se rappeler ce que nous avons dit des mouvemens généraux, page 7 et suivantes, il faut encore rechercher la manière d'agir du bain froid.

Aussitôt que le corps est plongé dans l'eau froide, on ressent une espèce de frisson à la peau; cet ébranlement nerveux se communique au centre, et l'on éprouve un léger malaise de peu de durée. Bientôt la peau rougit et le pouls bat plus fréquemment; il y a une véritable excitation; mais si l'on reste trop long-temps dans l'eau, ou que l'on manque de force, le frisson revient avec la pâleur de la peau l'engourdissement des extrémités, et tous les signes de l'affaiblissement.

Le bain froid a donc deux effets différens : chez les sujets assez forts pour le supporter, et quand on ne le prolonge pas trop, il excite les fonctions, fortifie le corps, durcit et épaissit la peau, enfin rend plus vigoureux et moins susceptible aux impressions du dehors. Au contraire, chez les individus faibles et délicats, non-seulement il affaiblit, mais si on s'opiniâtre à l'employer, il donne des coliques, des dévoiemens, des catarres, etc.

A la vérité, les mouvemens qui constituent la natation peuvent jusqu'à un certain point remédier à l'action affaiblissante de l'eau froide, mais cet effet est beaucoup moins prononcé qu'on pourrait le penser, attendu que les membres se mouvant dans un milieu qui n'offre de résistance sur aucun point, il n'y a pas ces ébranlemens, ces commotions que nous avons signalés dans la course, la danse, etc., et qui sont communiqués à tout le corps par la résistance du sol.

Ainsi, en résumant, la natation est un exercice actif et général, moins excitant que ceux que l'on exécute sur un point d'appui solide ; mais chez les sujets robustes et doués d'assez de force de réaction vitale pour résister à l'action débilitante de l'eau froide, le corps reçoit au contraire de ce liquide un supplément d'influence fortifiante dont le résultat définitif est d'accroître l'énergie et la vigueur.

Il suit de là que la natation ne peut être nuisible qu'aux individus faibles, et qu'elle sera toujours utile aux autres, et surtout aux enfans et aux jeunes gens, chez lesquels la chaleur est plus grande, et les forces de la vie ont plus d'activité. Voilà pourquoi chez les anciens elle entrait dans l'éducation de la jeunesse. Toutefois il est vrai de dire que chez les

Egyptiens, les Grecs et les Romains, qui avaient formé une foule d'établissemens publics pour apprendre à nager, on avait bien plus en vue les services que chaque homme pouvait en retirer à la guerre et dans les momens de danger, que les bons effets qu'elle pouvait avoir sur la santé et sur la force. Mais c'est pour nous un motif de plus de faire entrer cet art dans notre gymnastique, puisque, d'un côté, il a tous les avantages des exercices actifs, et qu'il peut rendre des services non-seulement à ceux qui le possèdent, mais aux autres.

On pourrait dire que ce n'est que chez l'homme que la natation est un art, car il est peu d'animaux qui ne sachent nager la première fois qu'ils ont besoin de se soutenir à la surface de l'eau. Cette différence provient uniquement du volume et du poids relatifs de la tête, qui dans l'homme doit être tenue presque

tout entière hors de l'eau, pour permettre de respirer, tandis que les animaux
peuvent sans efforts recevoir l'air par les
narines en plongeant dans le liquide presque toute la tête, qui d'ailleurs chez
eux est beaucoup moins pesante. En effet,
le corps entier de l'homme est très peu
plus lourd que le volume d'eau qu'il dé-
place, et lorsqu'il est tout-à-fait dans le
liquide, il lui suffit du moindre effort
pour revenir à la surface; mais du moment qu'une partie quelconque se montre
au dehors, son poids s'ajoute à celui des
parties restées dedans, lesquelles se trouvant alors beaucoup plus pesantes que le
volume d'eau qu'elles déplacent font plonger avec une vitesse qui n'est diminuée
que quand tout le corps est revenu sous
l'eau. Il faut donc pour nager vaincre
deux difficultés : 1° la différence de pesanteur spécifique du corps avec l'eau;
celle-ci est très faible; elle est même

presque nulle chez les hommes très gras et dans l'eau de mer, qui est chargée de sels : 2° le poids des parties tenues hors de l'eau, et comme c'est toujours la tête, qui est très lourde, cette difficulté est la principale et ne peut être vaincue que par une combinaison de mouvemens qui constituent la natation, dont nous allons indiquer les principales règles.

Divers moyens sont employés pour soutenir artificiellement le corps à la surface de l'eau pendant les premières leçons de natation ; ce sont des vessies gonflées d'air, ou des masses de liège que l'on fixe derrière les épaules ; mais il vaut mieux se servir d'une corde passée autour du corps et attachée au-dessus de l'endroit où l'on nage. Au surplus tous ces procédés, qui peuvent être utiles pour apprendre seul à nager, doivent être bannis du gymnase, où un maître doit présider aux leçons. C'est surtout pour

10

la natation que cette règle doit être sui-
vie , parce qu'il n'est pas d'exercices où
les premiers pas soient plus dangereux ,
et aient plus besoin d'être prudemment
dirigés. La méthode qui nous paraît réunir le plus d'avantages consiste à attacher
une corde au bout d'une perche , à fixer
l'autre bout de la corde autour du corps
de l'élève , et faire tenir la perche par le
maître , qui du bord d'un bateau , ou
d'un emplacement *ad hoc* , peut le soutenir et le diriger à la surface de l'eau
en lui prescrivant des mouvemens qu'il
doit faire , l'abandonner à ses propres
forces quand il le juge convenable ,
et le ramener à la surface s'il enfonce
trop.

Toutes les explications que nous pourrions faire , touchant la manière de diriger les mouvemens , pour apprendre à
nager , ne suppléeraient point à la pratique
qui seule peut enseigner cet art. Nous

sommes d'ailleurs justifiés d'avance de n'entrer que dans peu de détails sur la théorie de la natation , puisque nous conseillons de ne point apprendre sans maître.

D'après ce que nous avons dit plus haut, on concevra l'avantage de ne laisser hors de l'eau que la partie de la tête , qui est absolument nécessaire pour respirer. On doit aussi faire plus d'inspirations que d'expirations, afin qu'en conservant le plus possible d'air dans la poitrine; le corps soit spécifiquement plus léger; enfin il faut tenir le corps obliquement dans l'eau, car s'il était horizontal, non-seulement la tête serait plus difficilement soutenue à la surfacce, par les mouvemens des bras; mais on risquerait, dans les mouvemens des jambes, de sortir les pieds de l'eau, ce qui serait très désavantageux.

Dans cette position, les bras sont portés en avant, un peu pliés et rapprochés, pour rompre le fil de l'eau; ils sont ensuite écartés, puis dirigés en arrière et en bas, en tenant les mains étendues, la paume tournée vers le fond de l'eau; le tronc reçoit ainsi des bras, qui repoussent le liquide en bas et en arrière, une répulsion en haut et en avant, qui est aidée par celle que lui communiquent les membres inférieurs qui, d'abord fléchis et écartés, sont ramenés vers le bassin pour s'étendre et se rapprocher tout à coup, en repoussant le liquide en arrière. Pendant tous ces mouvemens, le tronc qui est fléchi et comme arqué, imprime à l'eau, en s'étendant vivement, un choc qui le fait encore remonter, et toutes ces actions combinées soutiennent le nageur à la surface du liquide et le font avancer.

Nous bornerons à ceci notre explication, ne voulant point entrer dans tous les détails des différentes manières de nager sur le dos, sur les côtés, debout, les pieds devant, de se jeter, de plonger, de se retourner dans l'eau, etc., qui ne peuvent s'apprendre dans les livres, et que l'habitude et la hardiesse enseignent mieux que le maître le plus habile.

Nous ajouterons toutefois en finissant, que le nageur doit s'appliquer à ne faire, en nageant, que les mouvemens qui sont nécessaires, afin de ne point se fatiguer inutilement; il ne doit pas les précipiter; il lui suffira toujours de les bien combiner. Il sera très utile aussi qu'il soit exercé à différentes manières de nager, afin que s'il avait un long trajet à parcourir, il pût varier ses mouvemens, ce qui est un moyen d'éviter la fatigue. A cet égard, un nageur qui peut se soutenir et avancer par le secours de ses bras ou de ses jambes seulement, doit user de cet avantage, qui lui permet de reposer deux de ses membres pendant que les deux autres travail-

lent. Enfin nous conseillons de s'habituer
à nager avec toutes sortes d'habits : ce
sera une grande ressource, dans bien des
cas, pour se sauver soi-même et porter
secours aux autres.

FIN.

Pl. 1.

Exercices préliminaires pour le Saut.

Pl. 2.

Exercices préliminaires pour le Saut.

Le Saut alongé.

Pl. 4.

Saut élevé sur le porte-marque.

Pl. 5.

Saut de profondeur.

Exercices préliminaires pour les barres parallèles.

Pl. 7.

Premiere position sur les barres parallèles.

Pl. 8.

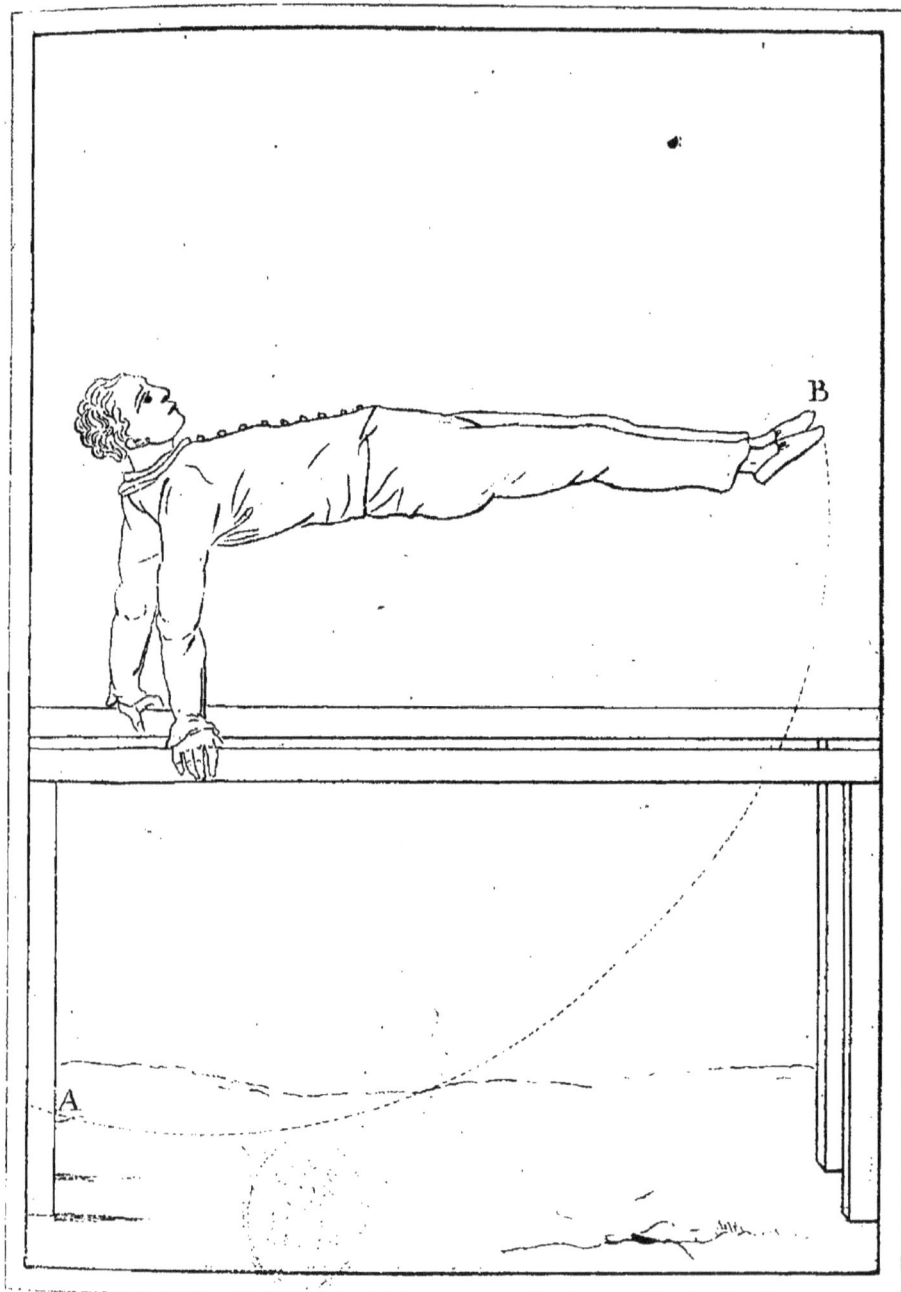

Balancement sur les barres parallèles.

Pl. 9.

Pour toucher la terre avec les genoux.

Pl. 10.

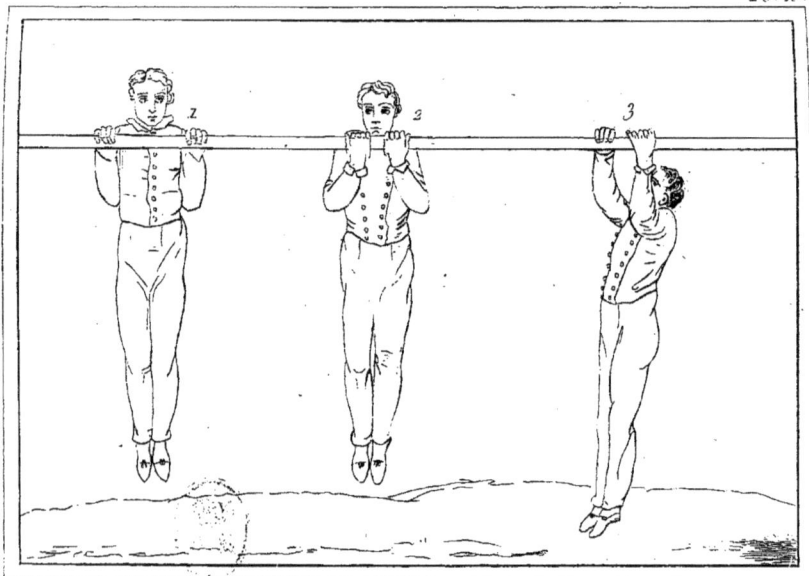

Barre horizontale.

Pl. 11.

Barre horizontale.

Pl. 22

Barre horizontale.

Pl. 13.

Préliminaires pour l'équilibre.

Pl. 14.

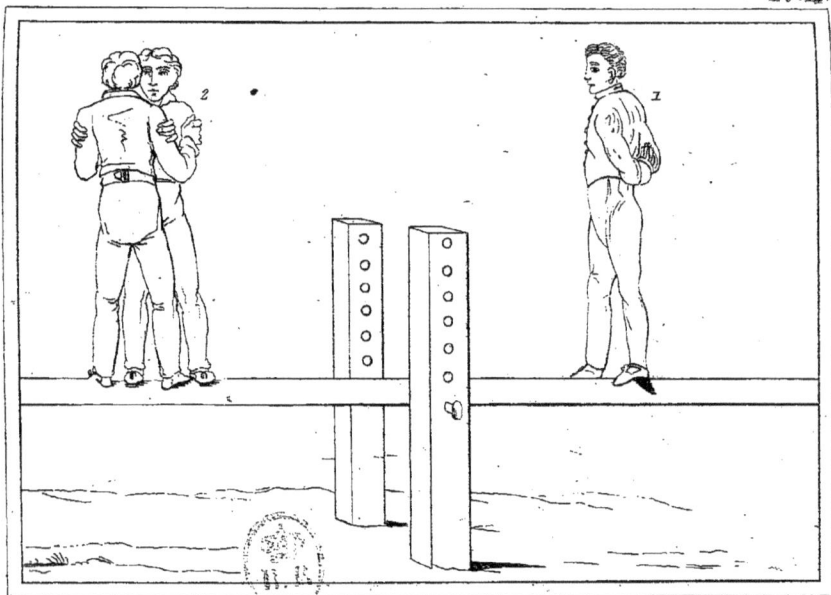

Équilibre.

Pl. 15.

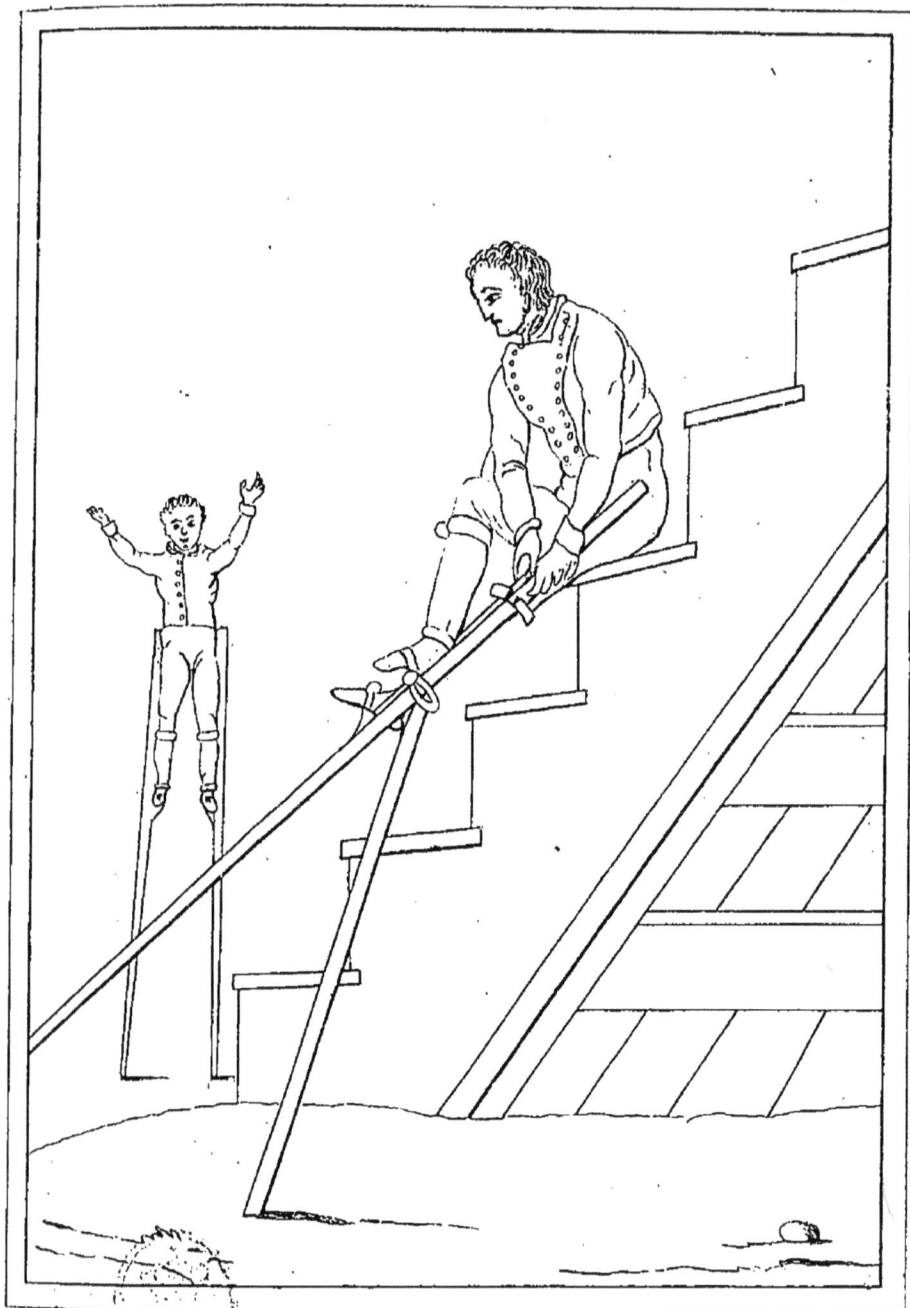

Équilibre sur les Échasses.

Pl. 26.

Saut élevé à la perche.

Pl. 17.

Saut de profondeur.

Pl. 18.

Voltige sur le Cheval.

Pl. 29.

Voltige sur la Selle.

Pl. 20.

Voltige de côté.

Pl. 21.

Voltige en travers la selle.

Pl. 22.

Fig. 2.

Fig. 1.

Fig. 3.

Porte-mat pour grimper.

Pl. 23.

Grimper à la Corde.

Pl. 24.

Grimper à la façon du matelot.

Pl. 25.

Grimper à la corde oblique.

Pl. 26.

Grimper à la perche.

Pl. 27.

Descendre de la perche.

Pl. 28.

Grimper en dessous de l'echelle par ses cotés.

Pl. 29.

Grimper au dessous de l'échelle par les échellons.

)

Grimper au dessous de l'échelle par un côté

Pl. 31.

Grimper la Planche.

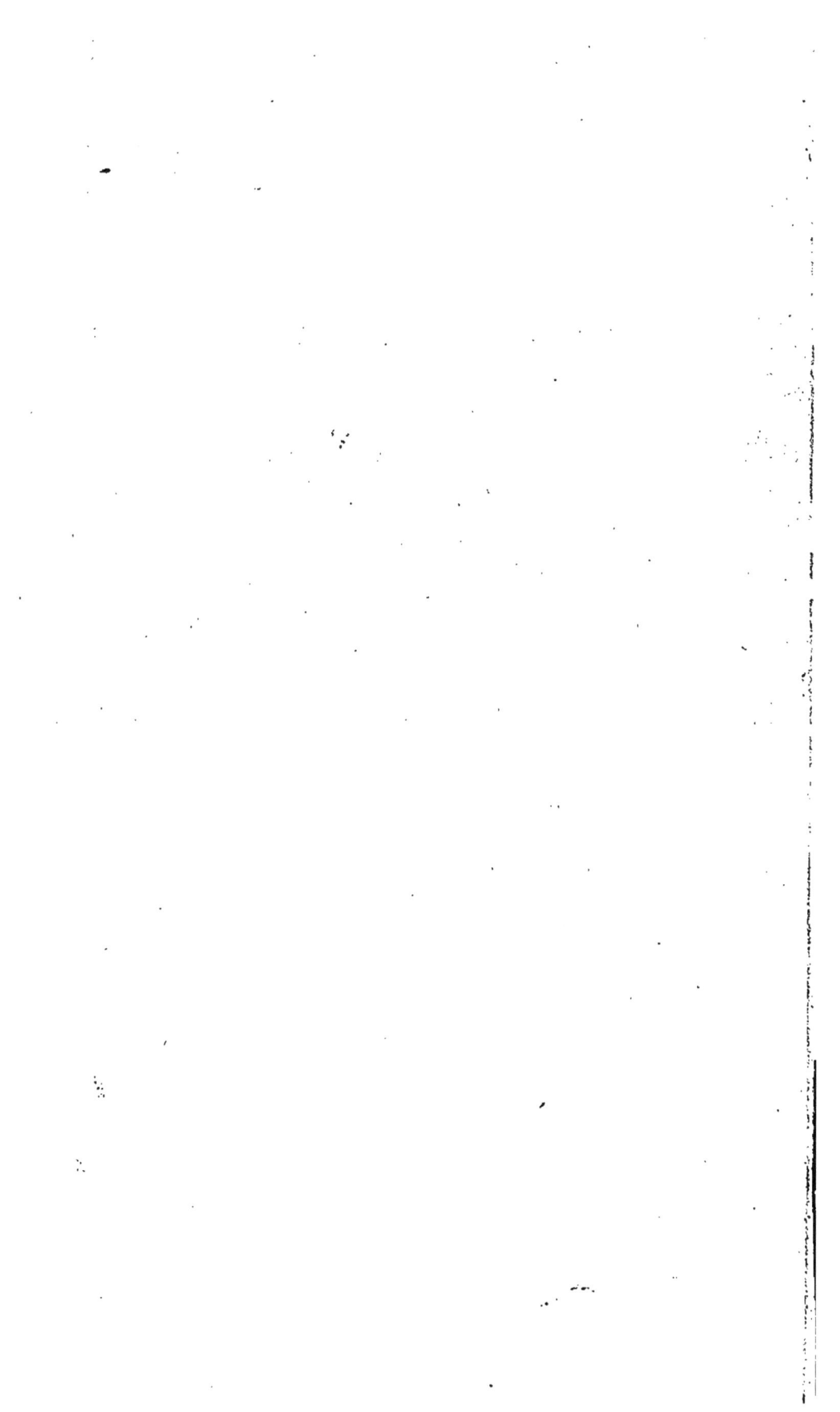

Pl. 32.

Pas volant ou l'enjambée des géants.